ALTÉRITÉS

JACQUES DERRIDA et PIERRE-JEAN LABARRIÈRE

avec des études de

Francis Guibal et Stanislas Breton

ALTÉRITÉS

ISBN 2-905460-05-9
Dépôt légal : mars 1986

Couverture : ***Il gèle dehors*** **Pavel Roučka**

PREMIÈRE PARTIE

L'ALTÉRITÉ DE L'AUTRE — AUTREMENT
sur les traces de Jacques Derrida

PAR FRANCIS GUIBAL

Sous la présidence de Pierre-Jean Labarrière

La « question la plus profonde » est la question qui échappe à la référence à l'Un. C'est l'autre question, question de l'Autre, mais aussi question toujours autre.
Maurice Blanchot

On reconnaît que cette voix est de l'autre à cela qu'on ne peut y répondre, pas à la mesure de ce qui, de l'autre, vient de l'autre.
Jacques Derrida

L'œuvre de Jacques Derrida est avant tout pour moi celle d'un « contemporain ». Au soir d'une longue histoire, qui se croyait assurée de soi et de sa destination, son attention vigilante voit et fait apparaître la percée d'une inquiétude décisive et peut-être mortelle : « Inquiétude sur — du et dans — le langage » (*ED*, 9)[1], inquiétude quant à la forme et à la force, à l'inscription et au travail, au jeu et aux enjeux des pratiques discursives et de tout procès signifiant en général.

Pour aiguiser en nous cette inquiétude, Derrida nous convie à lire et à lire d'abord — quoique sans exclusive aucune — les textes majeurs de notre tradition philosophique ; il s'essaie en effet à « suivre la philosophie en son histoire de la manière la plus fidèle et la plus intérieure » (*P*, 15) avec une finesse, une acribie et une acuité que l'on prendra difficilement en défaut. Mais cette lecture, remarquable notamment en ce qu'elle sait respecter la multiplicité et la diversité des problématiques « traditionnelles », est aussi la pratique d'un « penseur » qui avoue travailler « depuis un certain dehors par elle (la philosophie) inqualifiable, innommable » (*P*, 15) : lire vraiment, c'est dès lors inséparablement écrire, c'est tracer, dessiner et déchiffrer « dans les marges et entre les lignes » des « livres » classiques, « un texte qui est à la fois très ressemblant et tout autre » (*P*, 13).

Ce travail complexe et interminable (de droit autant que de fait), cette pratique littérale qui nous propose de « la » métaphysique « une lecture infinie et infiniment surprenante » (*M*, 206, note), je ne pourrai évidemment la suivre ici que de loin et en laissant inévitablement échapper ce qui en fait la richesse toujours relancée. Je vais en effet essayer de dégager quelques schèmes qui orientent — sans l'asservir — ce geste de lecture-écriture. Je le ferai, en outre, en restreignant volontairement mon abord à la question qui nous réunit ce soir : celle de l'autre et de l'altérité. Enfin, *last but not least, en soumettant bon gré mal gré ces textes d'un autre à « la*

---

[1] On a utilisé les abréviations suivantes : *ED* : *L'Ecriture et la Différence, P : Positions, M : Marges de la philosophie, FH : Les Fins de l'homme, Gr : De la Grammatologie, Textes : Textes pour Emmanuel Lévinas, D : La Dissémination, Vérité : La Vérité en peinture, CP : La Carte Postale, Entretiens : Entretiens avec « Le Monde », Ton : D'un ton apocalyptique adopté naguère en philosophie.*

loi violente de ma propre économie » (*Survivre*, version dactylographiée, 58). Risque, donc, de formalisation, d'appauvrissement, d'appropriation réductrice peut-être ; je l'avoue et je le prends. En rappelant toutefois, avant de commencer, que cette « question de l'autre » qui guidera ma démarche ne constitue pas un « thème » exposable et maîtrisable en sa (fausse) simplicité, qu'elle indique bien plutôt un partage problématique (entre le même et l'autre, le dedans et le dehors, l'homogène et l'hétérogène), qu'elle est donc bien une *question* effective, et même « des plus retorses » (*P*, 90), qui convie la pensée à s'engager en un parcours et sur des sentiers nécessairement aventureux. Courant ce risque d'une présentation inévitablement non-innocente, qui accepte de se laisser prendre au jeu qu'elle s'efforce d'exposer, saurai-je « laisser vivre » les textes et la problématique de Jacques Derrida, saurai-je leur dire « Viens » ? Il vous reviendra d'en juger et de le manifester par votre participation ; telle est en tout cas la petite et la seule espérance qui m'anime ce soir.

RÊVE DE L'ABSOLUMENT AUTRE

Malgré tout ce qu'il dit d'indiscutable sur le tout autre, sur le hiatus, le rapport au tout-autre donne lieu à des enchaînement de phrases ; parce que c'est non enchaînable, cela nous enjoint d'enchaîner.
Les Fins de l'homme

C'est en rappelant quelques grandes lignes de la « lecture » de Lévinas par Derrida que je choisis d'entamer cet exposé. En raison, tout d'abord et principalement, de l'intérêt fondamental jamais démenti porté par Derrida à la problématique lévinassienne ; ne confiait-il pas, encore récemment, qu'il avait « toujours affaire aux questions de Lévinas » (*FH*, P. 184) ? Ce dernier, en effet, est sans doute du petit nombre de ceux qui s'essaient à maintenir en sa survie tremblante la communauté des « philosophes », entendons la communauté de ceux qui ne cessent d'interroger sur la vie et la mort, la provenance et la destination du « logos » humain : « Communauté de la question sur la possibilité de la question... (où) se réfugient et se résument aujourd'hui une dignité et un devoir inentamables de décision... Une inentamable responsabilité » (*ED*, p. 118). Et cette question, qu'il importe de « garder », porte précisément ici sur l'interruption de la présence pleine par la trace qui inscrit en elle la « non-présence de l'autre » (*Gr*, p. 103). Un tel souci est celui de Lévinas, il est aussi celui de Derrida, aujourd'hui comme hier, même si ce dernier indique qu'actuellement il « déplacerait l'accent de la question vers quelque chose qui serait appel » (*FH*, p. 184).

Avec Lévinas — mais ce nom singulier est ici porteur de questions qui vont plus loin que lui — ce n'est rien moins que le logos grec et tout son héritage qui se voient sommés de comparaître, qui se trouvent mis en accusation au tribunal de la justice inter-humaine. Patrie de la lumière et de la beauté, de la présence et de la mêmeté, de l'ordre et de la totalité, la Grèce se trouve dénoncée comme inaugurant le règne de la violence et de la maîtrise, règne d'une raison excluant tout autre et ne trouvant donc jamais que soi : « Vieille amitié occulte entre la lumière et la puissance, vieille complicité entre l'objectivité théorique et la possession technico-politique » (*ED*, p. 136), Derrida suit cette accusation fondamentale de Lévinas depuis ses origines jusqu'à son accomplissement chez ces « Grecs » modernes que sont, chacun à sa manière, Hegel, Husserl et Heidegger lui-même.

Face à ce climat et à cette tradition du logos hellénique, Lévinas s'essaie à faire valoir « une étrange certitude concernant une *autre* origine absolue, une autre décision absolue » (*ED*, 118). A l'altérité de la théorie conceptuelle, toujours relative à la mêmeté du Moi, il oppose la rencontre du prochain, de l'autre homme survenant en son étrangeté à jamais inconceptualisable et inassimilable : « Seule l'irruption d'autrui permet d'accéder à l'altérité absolue et irréductible de l'autre » (*ED*, 185). L'originalité « judaïque » correspondrait ainsi à cet accueil respectueux de l'absolument autre qui dé-pose et dé-possède de soi le sujet parce qu'il grave en lui la marque, l'inscription et la trace d'un « Il » toujours-déjà passé : « Juif » ici serait « l'autre nom de l'impossibilité d'être soi » (*ED*, 112), installé en son ipséité assurée, l'index également d'une marche à l'infini et sans retour. Ce qui appellerait, par là-même, à « une pensée de la différence originaire » (*ED*, 134), tournée vers l'absolument et l'infiniment Autre ; car « l'autre n'est autre que si son altérité est absolument irréductible, c'est-à-dire infiniment irréductible, et l'infiniment-Autre ne peut être que l'Infini » (*ED*, 154)

Ouvert à la radicalité audacieuse et inquiétante de telles perspectives, Derrida ne les évoque pourtant pas sans interroger à son tour. La « tradition », tout d'abord, est-elle aussi violente et l'est-elle surtout aussi « simplement » que le prétend l'accusation lévinassienne ? Le discours théorique, le savoir logique, l'élément même de la lumière ne sont-ils pas capables de res-pect (res-picere) pour cela même qu'ils ne mesurent pas ? Ne faudrait-il pas se demander si la langue grecque, « cette langue (de l'être, du présent, de l'essence, du même, de l'économie, etc.) n'est pas *d'elle-même déliée*, donc ouverte au tout autre, à son propre au-delà » (*Textes*, 27) ? Au lieu d'un partage tranchant opposant la totalité — déterminée comme finie par une définition axiomatique silencieuse (*ED*, 158) — et l'infini, ne devrions-nous pas nous efforcer de penser l'histoire comme ce mouvement paradoxal qui joue entre l'un et l'autre (*ED*, 180) ? Bref, c'est à plus de prudence et à moins de « violence » quant à notre origine grecque que Derrida paraît nous appeler : « En ayant proféré l'*épékeina tès ousias*, en ayant reconnu dès son deuxième mot (*Le Sophiste*) que l'altérité devait circuler à l'origine du sens, en accueillant l'altérité en général au cœur du logos », la pensée grecque ne se serait-elle pas « protégée à jamais contre toute convocation absolument surprenante » (*ED*, 227) ?

Un tel soupçon se voit confirmé par le resurgissement, chez Lévinas lui-même, de métaphores lumineuses pour indiquer cette altérité absolue : le Visage n'est-il pas montré comme « épiphanie de l'autre » (*ED*, 137) ? Ce qui invite à étendre l'interrogation au discours « positif » tenu par Lévinas : le rapport du Même à l'Autre peut-il se vivre, se pratiquer et s'indiquer aussi « purement » que semble parfois le croire ce dernier ? Ainsi, par exemple, l'altérité d'autrui peut-elle être absolument et infiniment autre ? Ne suppose-t-elle pas, qu'on le veuille ou non, la « symétrie transcendantale de deux asymétries empiriques » (*ED*, 185) ? De même, l'ouverture à cette altérité de l'autre n'implique-t-elle pas que « je me sache, dans mon ipséité, autre pour l'autre » (*ED*, 185) ? C'est que l'altérité affecte le même, l'imprègne et le pénètre : le rapport d'altérité exige donc « que le même soit l'autre de l'autre et l'autre le même que soi » (*ED*, 186). Impossible par conséquent de séparer abruptement l'altérité irréductible d'autrui de la question plus générale de l'autre comme tel, soit de « penser ou dire "autrui" sans la référence — non la réduction — à l'altérité de l'*étéron* en général » (*ED*, 186-187).

Question encore quant au rapport entre cette altérité d'autrui — qui joue en s'inscrivant au cœur de notre finitude mortelle — et celle de l'Infini dont elle serait la trace et l'index : peut-on dire, peut-on penser autrement que négativement cette transcendance non-négative ? Et son altérité, pour n'être pas confondue avec la négativité indéfinie du « mauvais infini », ne devra-t-elle pas être du côté d'une « mêmeté » sans défaut ? « En tout cas, que la plénitude positive de l'infini classique ne puisse se traduire dans le langage qu'en se trahissant par un mot négatif (in-fini), cela situe peut-être le point où, le plus profondément, la pensée rompt avec le langage » (*ED*, 168).

A travers le combat exemplaire mené par Lévinas pour rétablir les droits de l'Autre contre l'impérialisme du Même, Derrida détecte ainsi le « rêve d'une pensée purement *hétérologique* en sa source. Pensée pure de la différence pure » (*ED*, 224). Rêve empiriste d'une expérience pure qui « s'évanouit au jour et dès le lever du langage » (*ED*, 224) : « Dès qu'il *parle* contre Hegel, Lévinas ne peut que confirmer Hegel, l'a déjà confirmé » (*ED*, 176). Rêvant « l'autrement qu'être », la pureté d'un Dire originel, il n'atteindrait jamais que « l'être autrement » (cf. Lévinas, *Autrement qu'être*, 8), le travail violent et impur du Dit effectif.

Pourtant, sous cette « faute » — intra-philosophique — et sous ce masque de l'empirisme, autre chose s'écrit aussi : l'appel, précisément, et le désir d'une « effraction vers l'altérité radicale (au regard du concept philosophique — du concept) » (*D*, 39). Et c'est bien pour rendre justice à ce « frayage hétérologique » qu'il importe de rétablir dans sa légitimité de droit ce que le discours de Lévinas se contente de pratiquer en fait : « violence contre violence. *Economie* de la violence », voilà le destin et la « vocation étrange d'un langage appelé hors de soi par soi » (*ED*, 172), invité et obligé, selon la logique paradoxale d'un geste impur et complexe, à « s'installer dans la conceptualité traditionnelle pour la détruire » (*ED*, 165). Entre le « Juif », dès lors, et le « Grec », point d'opposition ni de séparation tranchées, mais une injonction réciproque qui invite à mieux articuler le survenir d'autrui et la pensée de l'altérité, l'expérience de l'infiniment autre et son élévation au langage : « interpellation du Grec par le non-Grec du fond d'un silence, d'un affect ultra-logique de la parole, d'une question qui ne peut se dire qu'en s'oubliant dans la langue des Grecs, qui ne peut se dire, en s'oubliant, que dans la langue des Grecs » (*ED*, 196).

LA RELÈVE DE LA GARDE

In seinem *Anderen. Le* son *autre est le syntagme même du propre hégélien et constitue la négativité au service du sens propre.*

Glas

Voilà qui nous convie à mieux resituer les tentatives « juives » de la modernité — Lévinas n'en est ici qu'une des meilleures illustrations — dans leur rapport difficile et paradoxal à notre tradition « grecque » ; il faut donc accepter de passer et de repasser par Hegel, « dans l'ombre immense » (*ED*, 120) duquel se tiennent ceux-là mêmes — « nous » — qui tentent de lui échapper. Et, à l'intérieur de cette totalisation monumentale, imposante et indécomposable, qu'est l'œuvre hégélienne, on choisira pour « cible décisive » le concept qui porte en fin de compte le sens même de l'entreprise dialectique, celui d'Aufhebung ou de « relève », où tente de s'annuler en se reprenant « la spécificité de l'opération d'écriture et du signifiant textuel » (*D*, 280, note) : il s'agirait, en effet, de retourner contre elle-même cette diabolique et inépuisable « ruse de la raison » par une interrogation sans fin, longue, lente et patiente — « avec Hegel, selon son texte, contre son texte, dans sa bordure ou sa limite intérieure » — de façon à lui faire indiquer malgré elle « ce dehors absolu qui ne s'y laisse plus interner » (*M*, 339, note). A rusé, rusé et demi.

La grandeur et l'originalité de la pensée dialectique consistent principalement en son effort pour relativiser et « relever les oppositions binaires de l'idéalisme classique » (*P*, 59) : pour elle, l'extériorité, le dehors, le monde ne sont pas un accident, ils sont constitutifs de l'effectivité et balisent donc pour la théorie un passage obligé. Aussi faut-il souligner, contrairement à certaines lectures trop rapides ou faciles, que « l'altérité, la différence, le temps ne sont pas *supprimés*, mais *retenus* par le Savoir Absolu dans la forme de l'Aufhebung » (*ED*, 190, note). L'esprit manifeste sa force en affrontant cela même qui semble le contester, le fameux « travail du négatif » oblige à produire et à poser l'autre que soi — le sensible et les signes, la temporalité et la mort — en sachant séjourner en lui et le regarder en face.

Impossible, pourtant, de ne pas souligner aussi fortement qu'un tel passage reste pris — toujours-déjà et à jamais — entre deux « présences » : détour toujours provisoire à partir et en vue de soi, pont ou passerelle qui se « relève » opportunément afin de remplir son office de médiation. « La présence à soi du Savoir Absolu, la conscience de l'être-auprès-de-soi dans le logos n'auront été distraites d'elles-mêmes que le temps d'un détour » (*M*, 82). L'esprit ne se perd que pour mieux se (re)trouver, il ne s'altère que pour mieux s'identifier, sa « sortie hors de soi est le chemin obligé d'un retour à soi » (*M*, 85) seul décisif. Telle est précisément la caractéristique de la « relève » qu'elle se réapproprie toute extériorité étrangère grâce à une intériorisation idéalisante et sublimante qui ramène finalement tout à la paix, à la sécurité et à la maîtrise — jamais perdues — du « chez soi ». Jamais nous ne sortons véritablement du cercle de l'économie domestique, qui ne cesse de faire revenir l'autre au même, de l'assimiler, de le consumer et de le consommer en le ramenant au propre — à la propreté, à la proximité et à la propriété — de la maison paternelle : « Ce procès est un procès de réappropriation familiale. Il s'agit de reconnaître ce qui revient au père » (*Glas*, 110), par-delà tout exil, toute division et toute perte.

Rien n'échappe à la toute-puissance de ce mouvement d'exaltation hiérarchisante qui affecte et emporte toute effectivité : il est à la fois le devenir-intérieur de l'extérieur et le devenir-temps de l'espace, le devenir-esprit de la nature et le devenir-histoire du temps, le devenir-infini de l'esprit fini (à travers les « étapes » de l'art, de la religion et de la philosophie) et le devenir-sens (ou concept) de la réalité en général. Ainsi que le résume remarquablement Derrida, « le concept relève le signe qui relève la chose. Le signifié relève le signifiant qui relève le référent » (*Glas*, 15).

Sans perte définitive aucune, cette réappropriation peut bien être dite absolue, puisqu'elle semble pouvoir domestiquer jusqu'à cet autre absolu qu'est la mort en effaçant son étrangeté radicale grâce au travail du deuil : « L'Aufhebung est l'amortissement de la mort. C'est le concept de l'économie en général dans la dialectique spéculative... S'il y a là un sème commun, c'est la garde du propre : elle retient, inhibe, consigne la perte absolue ou ne la consomme que pour mieux la regarder revenir à soi, fût-ce dans la répétition de la mort. L'esprit est l'autre nom de cette répétition » (*Glas*, 187-188). Mort toujours-déjà reprise dans l'immortalité de l'esprit, mort apprivoisée ou fluidifiée, mort jouée ou mort feinte : relève ultime nous préservant de l'horreur absolue (et) de la pétrification, dernier recours contre « cette face médusante veillant sur le texte hégélien dans la pénombre qui lie le désir à la mort, qui lit le désir comme désir de mort » (*Glas*, 155).

Ce qui frappe ainsi dans la théorie hégélienne, c'est son extraordinaire aptitude à reprendre en elle et à assimiler cela même qui lui est le plus lointain et le plus étranger. Point de « crypte » ici qui ne soit finalement incorporable au système : « Le transcendantal ou le refoulé, l'impensé ou l'exclu doivent être assimilés par le corpus, intériorisés comme des moments, idéalisés dans la négativité même de leur travail » (*Glas*, 232). Pas de gratuité, de folie ou d'excès absolument sans raison en cet univers de calcul et de maîtrise autoconsciente, où le don lui-même « ne peut être qu'un sacrifice » ayant « pour destination ou détermination, pour *Bestimmung*, un retour à soi dans la philosophie » (*Glas*, 339). La philosophie ainsi entendue n'admet aucune hétérogénéité absolument surprenante, aucune blessure laissant des cicatrices ineffaçables, tout son travail consiste à re-lier et à com-prendre à l'infini, à penser et identifier jusqu'à ses propres limites, « engendrant et internant » ainsi « d'avance le procès de son expropriation »

(*M*, p. VIII). Avec Hegel se réalise et s'accomplit l'ambition même de la philosophie qui « prétend se réapproprier la déchirure dans le continuum de sa texture » (*Textes*, 33).

C'est par là que la « logique » hégélienne peut être dite exemplaire ; parce qu'elle mène à son terme un geste essentiel — de réduction et d'appropriation — qui, sous modes toujours différents, ne cesse d'habiter et de caractériser le logos occidental au long de son histoire. On peut ici se contenter de le repérer brièvement à propos de Platon, de Kant et de Freud.

Chez Platon, le désir de la vérité va de pair avec l'angoisse face à un monde ayant rompu avec l'être et livré aux vertiges de l'errance. L'idéal est celui de la présence vivante et pleine, d'une « mémoire sans signe, c'est-à-dire sans supplément » (*D*, 124), échappant à toute duplication, simulation ou tromperie possibles. Tourné vers cette origine perdue, le logos platonicien déploie toute son habileté stratégique à exclure et à déjouer les menaces de l'extériorité livrée à elle-même, cherchant ainsi à mieux faire retour au Bien-Soleil-Père. Et, s'il se voit ainsi acculé à faire sa part au jeu de la matérialité, de la signifiance et de la dissémination, ce ne sera jamais qu'en le subordonnant à l'autorité et au sérieux de la vérité, en le surveillant, en le contrôlant et en le contenant « dans les garde-fous de l'éthique et de la politique » (*D*, 180). Logique militante du Même face aux menaces de l'Autre.

Avec le kantisme, au contraire, il semble que ce soit les droits et l'irréductibilité de la finitude qui sont sauvegardés : entre l'expérience et la raison, le savoir et le devoir, le fait et le sens, la critique entend tracer une ligne de démarcation tranchante, irrelevable dans aucune réconciliation dialectique. Mais il s'agit là d'un dualisme malheureux qui ne cesse de faire signe vers l'impossible qu'il dénonce et qu'il désire, vers l'unification et le franchissement de l'abîme : « Il doit bien y avoir une analogie entre deux mondes absolument hétérogènes, un tiers pour passer l'abîme, cicatriser la béance et penser l'écart » (*Vérité*, 43). Règne, encore et malgré qu'on en ait, de la comparaison là-même où « elle ne devrait pas avoir lieu » (*Vérité*, 157) ; nostalgie toujours d'une destination assurée et sans errance, ou s'écrivant à tout le moins en dépit de l'errance et à travers elle.

Freud, lui, s'affonte à la question du plaisir et de la réalité, de la vie et de la mort ; et il semble que ce soit pour marquer la distance irréductible qui sépare la proximité vivante du plaisir propre et l'éloignement mortel de la réalité autre. Pourtant, là encore, toute la ruse et toute la puissance du « PP » (Principe de Plaisir, mais aussi Principe Postal !) consiste à savoir jouir de l'éloignement qu'il se donne (Fort-Da !), à se garder jusque dans la perte apparente, à prendre plaisir à la mort même en ·tant que « sa » mort, mort que l'on s'envoie et qui peut vous revenir « proprement » : « l'auto-affection d'un *fort-da* qui se donne, se reprend, s'envoie et se destine, s'éloigne et se rapproche de son propre pas, de l'autre » (*CP*, 430) n'est pas sans étranges affinités avec ce qui se joue dans la dialectique spéculative.

Il est ainsi possible de déceler une complicité profonde, cachée et inconsciente, entre les logiques diverses et même antagoniques de la pensée occidentale : logique moniste du même ou de l'identique, logique dualiste de l'autre ou de l'opposition frontale, logique dialectique de l'autre-dans-le-même ou de la relève totalisante, il semble que toutes obéissent finalement à la même loi ou à la loi du même, « loi de *l'oikos*, du propre comme domestico-familial et même comme domestico-funéraire » (*CP*, 321), que toutes demeurent secrètement mesurées et régies par un besoin de comparaison et d'homogénéisation, de réduction et de maîtrise. Dériver et subordonner toute altérité à l'être-auprès-de-soi dans la présence pleine de la vérité, voilà le désir — fantasmatique — qui les traverse de part en part : « La philosophie — le Savoir Absolu — c'est le mythe de la réappropriation absolue, de la présence à soi absolument absoute et recentrée » (*Glas*, 309).

Un tel mythe — rêve ou leurre — ne cesse pourtant d'être constamment et malgré lui déjoué par des forces de résistance jamais complètement « relevables » qui travaillent et déplacent silencieusement cette prétendue maîtrise du logos. La naissance et la mort, le hasard et la contingence, le corps et le sexe, le temps et les signes, autant de « restes »-limites jamais pleinement « digérés » par les systèmes traditionnels et qui n'ont pas manqué de produire sur eux et en eux des effets critiques. Le hégélianisme, malgré son ambition, n'y échappe pas, et Derrida se plaît à « relever » en lui certaines de ces traces mal cicatrisées : la machine, la bâtard, la représentation et, surtout, la relation frère-soeur qui pourrait bien constituer comme le transcendantal refoulé assurant de manière cryptée sa cohérence systématique. Etre attentif à cela, « lire dans Hegel ces *autres* ou cet *autre* » qui donnent du jeu au système et se jouent peut-être du système, c'est sans doute là « lire *autrement* Hegel » (Jean-Luc Nancy, *La remarque spécu-lative*, 30) et avec lui, l'ensemble de la tradition philosophique.

Cette autre lecture ne peut avoir la simplicité ou la pureté d'un refus tranchant, précisément trop facilement récupérable par le système : « Les critiques frontales se laissent toujours retourner et réapproprier en philosophie. La machine dialectique de Hegel est cette machination même. Elle est ce qu'il y a de plus effrayant pour la raison » (*Entretiens*, 83). Face à cette puissance du même et de sa langue, « pouvoir négociateur qui croit pouvoir tout négocier » (*Textes*, 32), dispositif « capable de tout dire et jusqu'à son propre échec » (Lévinas, *Sur Maurice Blanchot*, 46), il faut apprendre à jouer plus fin et plus retors, prenant appui sur ses contradictions internes — car « le dernier philosophe du Livre » est aussi le « premier penseur de l'écriture » (*Gr*, 41) — pour le renverser en le parodiant, pour le tourner si possible vers « son autre absolu », vers « l'expropriation absolue », vers « la perte ou la dépense sans réserve » (*Glas* 233). Mais c'est justement cette orientation vers ce qui excède sans retour toute « économie » spéculative qui exige — paradoxalement — l'élaboration et la mise en œuvre de la stratégie la plus serrée.

UN RISQUE NÉGOCIÉ

Il faut sauver la déchirure et pour cela jouer
couture contre couture.
Textes pour Emmanuel Lévinas

La philosophie a toujours eu affaire à son « autre », elle a tou-jours été accordée à cela même qui la déborde — l'extériorité, l'altérité —, mais précisément pour s'en emparer et le faire sien ;

tout lui est occasion pour « parler encore d'elle-même », elle peut aller pour cela jusqu'à « prêter ses catégories au logos de l'autre » (*M*, III). D'où la question qui ne peut désormais manquer de se poser : est-il possible de la déborder « absolument » en la tournant vers « un autre qui ne serait plus *son autre* » (*M*, V) ? Ou encore : comment faire — question de méthode et de stratégie — pour « inscrire et laisser s'inscrire le tout autre » — l'absolument délié, l'étranger — « dans la langue de l'être, du présent, de l'essence, du même, de l'économie, etc. » (*Textes*, 27) ?

Il faut bien, pour cela, commencer par prendre au sérieux — traversée patiente et jamais achevée — le discours en sa cohérence sensée : « Il n'y a qu'un discours, il est significatif, et Hegel est ici incontournable » (*ED*, 383). Si l'on veut pouvoir déchirer ou interrompre ce tissu ou ce texte du même, on est obligé de traiter avec lui et donc, en ce sens, de « négocier ce qui ne se négocie pas et qui déborde tout contexte » (*Textes*, 22). Tour d'écriture qui tente « d'infléchir le vieux corps du langage » (*ED*, 387), négociation risquée, inévitablement, puisque « dans la même langue, dans la langue du même, on peut toujours mal recevoir cet autrement dit » (*Textes*, 23).

L'histoire de la pensée est marquée par la « lutte incessante et hiérarchisante » (*D*, 10) par laquelle le discours de la maîtrise oppose et subordonne l'un à l'autre divers aspects du « réel » : le mal au bien, le dehors au dedans, le corps à l'esprit, l'absence à la présence, l'écrit à l'oral, etc. Pour tenter de sortir d'une telle « logique », un double geste est à pratiquer : 1) en prenant appui sur les traces qui inscrivent dans le(s) texte(s) métaphysique(s) les difficultés internes, voire l'effondrement inévitable, de cette « relève » économique, opérer un renversement polémique et violent des hiérarchies traditionnelles ; 2) à partir de là, produire un déplacement disséminant de l'ensemble de cette conceptualité hiérarchique et oppositionnelle, en l'écartant vers ce qui l'excède absolument et où elle se perd, vers ces « lieux où le discours ne peut plus dominer, juger, décider : entre le positif et le négatif, le bon et le mauvais, le vrai et le faux » (*Entretiens*, 86).

Double geste, geste complexe et difficile : il faut partir de vieux noms pour détuire le système d'oppositions auquel ils appartiennent et indiquer une nouveauté originale et excessive. Ainsi, chez Georges Bataille, « ce qui, pour ébranler la sécurité du savoir discursif, *s'indique* comme mystique, *renvoie* au-delà de l'opposition du mystique et du rationnel » (*ED*, 399). Ainsi encore, pour Derrida lui-même, l'usage calculé et toujours provisoire de « termes » énigmatiques qui font tous signe vers un indécidable métaphysique : archi-écriture, supplément d'origine, différance, pharmakon, hymen, marge, etc. Par là se signifient un travail, un écart ou un jeu qui fonctionnement en marge et « à la limite du discours philosophique » (*P*, 14) : ni purement dedans ni purement dehors, ni philosophie du même ni anti-philosophie de l'autre, mais entrelacs « alternativement dedans et dehors, dessous et dessus, en deçà et au-delà » (*Textes*, 42), dé-jouant, dérangeant et dé-concertant toute opposition simple, montrant par sa pratique même que « si le dedans n'est plus strictement délimitable, le dehors non plus » (*CP*, 539).

Ce que traque ainsi inlassablement un tel geste, ce sont toutes les résistances irrécupérables inscrites à même le texte où s'écrit le désir métaphysique rêvant la plénitude de la parole vive et du présent vivant, et qui blessent et infectent mortellement cette aspiration. Dehors toujours déjà à l'intérieur du dedans, autre au cœur du même, étranger ne cessant d'habiter et de travailler « de la façon la plus domestique » (*CP*, 296) l'ordre familier qui l'exclut, venant « le miner comme son propre étranger, le creuser en abîme depuis un originaire plus originaire que lui et indépendant de lui, plus vieux que lui en lui » (*CP*, 388). Bref, tout « cela » qui — à l'inverse de la « relève » hégélienne dont la négativité laborieuse « est comprise *dans* le cercle du Savoir Absolu, n'excède jamais sa clôture, ne suspend jamais la totalité du discours, du travail, du sens, de la loi, etc. » (*ED*, 405) — limite et détruit, interrompt et déplace, transgresse et excède tout le champ de l'économie restreinte où opère et se meut la philosophie classique.

Ce mouvement — cet espacement et cette temporisation, cette « différance » et cette altération — dès lors « ne désigne *rien*, rien qui soit, aucune présence à distance ; c'est l'index d'un dehors irréductible » (*P*, 107-108), d'une « hétérogénéité radicale » (*P*, 87) de « l'irréductibilité de l'autre » (*P*, 130) en son absoluité, telle qu'elle « ne se laisse plus interner dans une réflexion » (*Glas*, 277) ni intégrer dans un système. Il y va ici de ce rien qui ne se laisse point assimiler ni digérer, de ce reste dont on ne saurait faire son deuil : « dépense sans réserve, perte irréparable de la présence, usure irréversible de l'énergie, voire pulsion de mort et rapport au tout-autre interrompant en apparence toute écono-mie » (*M*, 20). L'écriture, texte et tissu de traces entrelacées, tente d'inscrire dans la langue du présent et le discours du même un « autrement », modalité sans essence ni substance, qui ne cesse de l'interrompre pour l'ouvrir à la res-ponsabilité, pour l'ordon-ner à l'incommensurabilité de l'Autre.

Dé-construction, donc, de la logique philosophique, de toute logique de la récupération ou de la maîtrise relevante, mais sans la naïveté de « prétendre lui échapper d'un coup, en sautant sim-plement *à pieds joints* » (*D*, 235) ; parodie, plutôt, jeu ou simula-cre, stratégie subtile, patiente et risquée, qui tente précisément de « tout calculer pour que le calcul n'ait pas raison de tout » (*Textes*, 37), pour « laisser place à l'incalculable » (*Textes*, 41). Car « déborder la logique de la position », ce n'est ni « se substi-tuer à elle » ni — moins encore — « s'y opposer », mais ouvrir simplement « un autre rapport, rapport sans rapport ou sans commune mesure » (*CP*, 278). Aussi, lorsqu'on affirme justement que « la différance n'est pas un procès de propriation, en quelque sens que ce soit », faut-il prendre soin d'ajouter qu'elle « n'en est ni la position (appropriation), ni la négation (expropriation), mais l'autre » (*M*, 27), incommensurable à cette opposition trop facilement dialectisable.

Sans doute y a-t-il encore là une « logique », puisqu'il s'agit effectivement toujours de traiter, de négocier — autrement — avec la langue et ses possibilités afin de l'ordonner à un Dire excessif, puisque, pour laisser surgir le « hiatus du rapport au tout autre » (*FH*, 311), il faut bien enchaîner des phrases ou des moments « logiques », « fussent-ils de rupture » (*Textes*, 40), puis-que donc « le logos reste indispensable comme le pli qui se plie au don » (*Textes*, 31). Mais cette logique n'est pas plus opposi-tionnelle qu'identifiante ou relevante, pas plus dualiste que moniste ou dialectique, étant logique paradoxale de l'altérité, de l'interruption ou de la différance, qui n'est pas contradiction ni séparation : « La logique du détachement comme coupure conduit à l'opposition, c'est une logique, voire une dialectique, de l'opposition (qui a) pour effet de relever la différence. Donc de suturer. La logique du détachement comme stricture » — qui est aussi dé-stricturation absolue — « est *tout autre*. Différante : elle ne suture jamais » (*Vérité*, 389), car elle ne cesse de dé-lier et de dé-nouer les liens et les nœuds de son discours, de dé-chaîner ses propres en-chaînements ; son texte est ainsi « ce tissu hétérogène qui entrelace, sans rassembler, de la texture et de l'atexture. Et qui (comme cela fut écrit d'un autre, très proche et très éloigné) s'aventure à tramer l'absolu déchirement, déchire absolument son propre tissu redevenu solide et servile de se donner à lire » (*Textes*, 38 ; avec renvoi à *ED*, 407).

Ainsi, dé-jouant d'un geste jamais achevé la maîtrise du même qui prétend rendre raison de son autre en le posant et en le relevant à l'intérieur d'une totalité dialectique, tente de s'écrire une autre logique, une logique de l'Autre. Et peut-être sera-ce même cette pensée de l'Autre qui, toujours-déjà, « aura rendu possible », en le relativisant, le discours cohérent du tout et la thèse philosophique de l'être : se refusant à toute maîtrise et à toute présence, « la différence est non seulement irréductible à toute réappropriation » de style onto-théo-logique, « mais, ouvrant même l'espace dans lequel l'onto-théo-logie — la philosophie — produit son système et son histoire, elle la comprend, l'inscrit et l'excède sans retour » (*M*, 6).

SANS DESTINATION NI RETOUR

> *Si l'on était sûr de la destination, il n'y aurait plus de place pour l'envoi (pour le désir).*
>
> Les Fins de l'homme

Imprimer au logos de la relève spéculative le « déplacement infime et radical » (*M*, 15) de la déconstruction, c'est perdre sans doute et irrémédiablement le discours assuré de la parole vive, de la présence pleine, du réel sans faille. Pour certains, cela se traduit par le fait que « liberté nous est rendue de travailler sur les textes sans avoir à tendre l'oreille » (G. Lebrun, *La patience du concept*, 411). Pour Jacques Derrida, il me semble que l'opération est plus subtile et ne conduit point nécessairement à une disjonction aussi tranchée : s'il s'agit bien de « luxer l'oreille philosophique » (*M*, VII), cela n'équivaut point à supprimer simplement l'écoute vivante de la voix au profit de la dissection morte de l'écrit. Car, luxée, l'oreille peut devenir plus fine, plus attentive à certaines sonorités refoulées, à la multiplicité et à l'étrangeté inquiétante des tons qu'il lui est alors donné de percevoir : « *unheimlich* est l'oreille, *unheimlich* ce qu'elle est, double, ce qu'elle peut devenir, grande ou petite, ce qu'elle peut faire ou laisser faire..., la manière dont on peut la tendre ou la prêter » (*Otobiographies*, 103). Par-delà la généralité de la question philosophique de l'essence, s'ouvre dès lors peut-être la question singulière du style et de l'en(-)voi(e), de l'idiome et du désir, de ce qui précisément « ne peut apparaître qu'à l'autre » (*FH*, 441). Aussi grossière et peu exercée soit-elle, c'est vers l'écoute de cette question que je voudrais désormais tendre mon oreille.

Le premier trait caractéristique de la « signature » derridienne, je le vois dans une sorte de passion négative qui lui fait « traquer les signes de la disparition » (*ED*, 430) des grands idéaux métaphysiques : l'origine et la destination, le règne de la présence et du sens. Réfractaire à toute maîtrise et à toute majuscule, cette « écriture du désastre » (Blanchot) ne cesse de « fomenter la subversion de tout royaume », de s'en prendre impitoyablement à « tout ce qui en nous désire le royaume, la présence passée ou à venir d'un royaume » (*M*, 22), que ce soit celui de Dieu ou de l'homme, de la vérité ou de l'histoire. Elle met ainsi à nu et à vif la ruine et la catastrophe qui donnent son caractère singulier à « notre apocalypse now », cette « apocalypse sans apocalypse » : nous ne pouvons et ne devons plus compter sur la simplicité rassurante des valeurs et des « révélations » de jadis (bien/mal, vrai/faux, etc.), il n'y a plus pour nous de chance, « fors la chance », « pour tel rassemblement du don, de l'envoi, du destin (*Schicken/Geschick*), pour la destination d'un ''Viens'' dont la promesse au moins serait assurée de son propre événement » (*Ton*, 95-96). S'avouant en proie à une sorte de « pathologie », voire de « névrose de la destination » (*CP*, 127 et 154) cherchée et refusée, toujours désirée et toujours manquée — inévitablement et nécessairement —, Derrida éprouve sa perte comme un appel ou une exigence qui « interdit le repos et fait courir » (*CP*, 61), sans pouvoir jamais s'arrêter ou arriver, inlassablement. Paradoxalement, c'est cette négation — cette déconstruction et cette rature — sans fin qui seule garde au désir sa vie, sa respiration et son élan : « Comment le désir de présence se laisserait-il détruire ? C'est le désir même. Mais ce qui lui donne sa respiration et sa nécessité — ce qu'il y a et qui reste donc à penser — c'est ce qui dans la présence du présent ne se présente pas. La différance où la trace ne se présente pas, et ce presque rien de l'imprésentable, les philosophies tentent toujours de l'effacer. C'est cette trace pourtant qui marque et relance tous les systèmes » (*Entretiens*, 85).

La dé-construction, peut-être commence-t-on ainsi à le pressentir, n'est pas seulement négative ou critique, et elle se refuse à la nostalgie ; car « elle accompagne toujours une exigence affirmative » et l'on peut même dire « qu'elle ne va jamais sans amour » (*Entretiens*, 84). D'une manière foncièrement « étrangère à toute dialectique » (*M*, 29), elle est tournée vers la reconnaissance positive et joyeuse du jeu innocent du monde, des signes et des traces en leur prodigalité multiple, elle cherche à « affirmer l'irréférence au centre au lieu de pleurer l'absence de centre » (*ED*, 432). A la maîtrise en déroute, elle ne substitue pas un « autre maître, ou un contre-maître, mais autre chose, tout autre chose » (*CP*, 338), imprésentable et innommable, imprenable et inidentifiable au langage de la quête de l'essence, ne pouvant s'annoncer ou s'anticiper que « sous la forme du danger absolu » (*Gr*, 14), « sous l'espèce de la non-espèce, sous la forme informe, muette, infante et terrifiante de la monstruosité » (*ED*, 428) immontrable, « montrant de l'immontrable » (*FH*, 88).

Semence jetée et dispersée, dépensée en pure perte, « germe mortel » (*ED*, 339), l'écrit marque ce qui échappe à l'autorité paternelle ; orphelin, voire bâtard, il s'éloigne et se détache irrémédiablement de toute proximité rassurante, de toute réappropriation économique. Avec lui se trace une errance qu'il est impossible de référer à aucune origine propre et simple ; fragmentaire, morcelé, répété et réinscrit à l'infini de manière abyssale, ce tissu de traces toujours effaçables excède tout vouloir-dire, il n'entre pas dans la totalité une, identifiable et sensée, du Livre. Par rapport à l'ambition philosophique, il tombe comme un reste à jamais indécidable ; texte serait « ce que le Savoir Absolu ne peut pas toujours se donner, ce qui lui arrive, plutôt qu'il ne s'y arrive » (*Glas*, 320).

Si l'on préfère le registre de l'oral — du ton et de la voix — l'étrangeté de l'espacement et de la confusion n'y est pas moindre. On dira qu'il est marqué — toujours-déjà — par une sorte de brouillage ou de mélange originaire qui introduit un dés-ordre, voire un déraillement ou un délire, dans ce que l'on espérait être l'harmonie d'un chœur : « *Verstimmung* multipliant les voix et faisant sauter les tons..., polytonalité immaîtrisable, avec greffes, intrusions, parasitages » (*Ton*, 67). En vain s'efforce-t-on de reconnaître l'émetteur, le message et/ou le destinataire : ce qui se trouve transmis « saute d'un lieu d'émission à l'autre..., va d'une destination, d'un nom et d'un ton à l'autre » (*Ton*, 76). Qui parle ici et à partir d'où ? Qu'est-ce qui est communiqué et à qui cela est-il adressé ? Questions sans réponse possible à l'intérieur de cette structure apocalyptique — ou angélique — qui est sans doute celle de toute scène d'écriture : « On ne sait plus qui parle ou qui écrit » (*Ton*, 77).

C'est que, écrit ou oral, tout signifiant est marqué originairement d'une itérabilité qui le voue à une « destination immédiatement multiple, anonyme » (*CP*, 88). Tout texte est crypté, à la fois « ouvert et illisible » (*FH*, 229) comme la carte postale, offert et inaudible comme le message apocalyptique. Cet « entrelacement des voix et des envois dans l'écriture dictée ou adressée » (*Ton*, 76), cette confusion babélienne des langues et cette contamination impure des genres ont quelque chose de « proprement » affolant : ils mènent à la catastrophe et à la ruine notre besoin de vérité et de présence, ils font monter en nous l'angoisse d'un dehors à jamais inappropriable. Le langage nous condamne à la transgression sans fin, à l'impureté et à l'impropriété, à l'épreuve de quelque chose que nous ne dominons pas. Plus de destination assurée, mais bien l'aventure forcée d'une « errance aléatoire » (*Ton*, 37), d'une « clandestination », ou d'une « destinerrance » (*Ton*, 86).

Il nous reste alors à « désirer la catastrophe de manière non-négative » (*FH*, 214) par « l'affirmation souveraine du jeu hors sens » (*ED*, 402) grâce à laquelle l'aventure se fait allègre et l'errance joyeuse. « Contre l'*Erinnerung* » — cette mémoire toujours intérieure à soi — « contre l'avarice qui s'assimile le sens » (voire le non-sens), nous sommes appelés à « *pratiquer l'oubli, l'aktive Vergesslichkeit* dont parle Nietzsche » (*ED*, 389), allant jusqu'à « savoir oublier sans savoir » (*CP*, 85). Et, certes, un tel oubli ne va pas sans brûlure mortelle ni perte irréversible : « tout brûler, tout oublier » (*CP*, 46), « brûler, consumer, gaspiller les mots », voilà qui passe inévitablement par l'« affirmation gaie de la mort » (*ED*, 403). Mais cet holocauste, on le voit, s'accompagne d'un rire éclatant qui donne « la force de repartir sans trace, sans chemin frayé » (*CP*, 46), tel l'enfant surhumain de Nietzsche qui « s'éveille et part sans se retourner sur ce qu'il laisse derrière lui. Il brûle son texte et efface les traces de ses pas » (*M*, 163). Ne rien garder, n'est-ce pas la seule chance pour le désir, la seule possibilité pour continuer à aller de l'avant ?

Et que s'éloignent ainsi en nous échappant absolument les signes que nous traçons, c'est sans doute là pour nous la meilleure opportunité d'apprendre à les envoyer, d'un envoi risqué, jamais sûr d'arriver, d'un envoi... d'amour : « Dès le premier envoi : pas de don sans oubli *absolu* (qui t'absolve aussi du don, et de la dose), oubli de ce que tu donnes, à qui, pourquoi et comment, de ce que tu t'en rappelles ou espères. Un don, s'il y en a, ne se destine plus » (*CP*, 181), car il est sans réserve et à fond(s) perdu(s), il ne cherche pas la réciprocité de la reconnaissance, il « échappe au cercle de la restitution et du "rendez-vous" » (*Textes*, 24).

Ainsi jouée et affirmée, la non-maîtrise perd son apparence négative pour se révéler souveraineté qui se maintient constamment ouverte à la rencontre éventuelle d'une altérité inconnue et débordante : « La *Verstimmung* généralisée, c'est la possibilité, pour l'autre ton ou le ton d'un autre, de venir à n'importe quel moment interrompre une musique familière » (*Ton*, 67-68). La non-destination, ou plutôt l'adestination, est dépouillante, inévitablement, mais ce dépouillement « est une chance » (*CP*, 135), la chance peut-être : « Une lettre peut toujours — et donc doit — ne jamais arriver à destination. Et ce n'est pas négatif, et c'est bien, et c'est la condition (tragique, certes) pour que quelque chose arrive » (*CP*, 133). Quelque chose qui arrive : l'événement, tel qu'il survient en sa singularité unique et irremplaçable qui déjoue l'universalité des règles et des programmes, mais aussi — c'est le risque — en son « itérabilité » plurielle où il se perd aussitôt arrivé, « événement qu'on texte », « pluralisation qui fracture, en le faisant *arriver*, l'événement même de l'unique » (*Ecarts*, 306).

Entrelacs, donc, originaire et indémêlable, de l'unique et du multiple, du singulier et du pluriel, la *Verstimmung* qu'est la langue « ouvre chaque parole à la hantise de l'autre » (*Ton*, 67) en tant que non présent et imprésentable : elle « renvoie toujours au nom et au ton de l'autre qui est là mais comme ayant été là et devant encore venir, n'étant plus ou pas encore là dans le présent du récit » (*Ton*, 77). Il y a là une dépossession inscrite dans la structure même de « la langue d'écriture, cette trace donnée qui vient de l'autre, même si ce n'est personne » (*Ton*, 11) : tout texte est suscité par « l'autre » à qui il répond, livré aussi à son accueil et à sa relance jamais assurés. A l'intérieur d'une telle structure, la grâce de l'événement, c'est sans doute « quand l'écriture de l'autre vous absout, par instants, du *double bind* infini » par une venue et un don qui vont jusqu'à « s'innocenter du don, du donné, du donner même » (*Ton*, 11). Il n'y a pas pour cela de programme ni de discernement infaillible : « cela jamais ne fait l'objet d'un savoir. Entre savoir et destiner, l'abîme » (*CP*, 188). Mais, en son improbabilité même et en l'impossibilité d'en « faire jamais la preuve », « ne faut-il pas croire que ça arrive ? » (*Ton*, 11)[2].

---

[2] Cette interrogation est suivie d'une brève remarque dubitative qui prend une tournure légèrement différente dans la version de *FH* (« c'est peut-être cela, la croyance même ») et dans celle de *Ton* (« c'était peut-être cela, hier, la croyance même »). Estimant la version de *Ton* postérieure et plus définitivement « écrite », je me demandais s'il ne fallait pas trouver une signification à ce passage du présent à l'imparfait qui renvoie la croyance à « hier » ; l'intervention de Jacques Derrida semble indiquer qu'il s'agit là plutôt d'un effet circonstanciel.

C'est à partir de là que nous pouvons peut-être reprendre la question soulevée par Jacques Derrida lui-même : que fait-il en affolant toute assignation et toute destination, en annonçant la fin des « révélations » assurées, en proclamant que l'« l'apocalypse, c'est fini, je te le dis, voilà ce qui arrive » (*Ton*, 98). En réponse à quel appel, en écoute de quelle injonction, au nom de quoi — voire : au nom de qui — écrit-il ? Question sans doute aussi inévitable que sans réponse possible. On se risquera pourtant simplement à rappeler un « aveu », crypté bien entendu comme tout message : écrire, ne serait-ce pas toujours pour lui « produire un effet sur quelqu'un, lui dire "Viens" » (*CP*, 94) ? Mais alors, comment entendre ce "Viens" ?

"Viens", nous dit Derrida, est un « réseau d'appels et d'échos » (*FH*, 485) dont l'origine et la fin ne se laissent pas assigner. Son injonction « vient d'au-delà de l'être et appelle au-delà de l'être » (*Ton*, 94), et elle « ne s'adresse pas à une identité d'avance déterminable » (*Ton*, 95). Envoi toujours déjà arrivé et absolument dérivable, « mais seulement de l'autre » (*Ton*, 95) et non d'aucune(s) rive(s) ferme(s)[3]. Répétable, son appel est par là même falsifiable, livré au risque de l'écoute et de la relance : « rien ne garantit la bonne intonation, celle-ci reste à la disposition et sous la responsabilité de l'autre » (*FH*, 480). Aussi pourra-t-il toujours être par l'autre parodié et reconduit « vers la violence conductive, vers la duction autoritaire. Ce risque est inéluctable et il menace le ton comme son double » (*Ton*, 94) ; mais, de soi, son désir de séduction « ne cherche pas à conduire » (*Ton*, 94), à inviter, seulement, au(x) voyage(s).

Envoi

Mettant à profit la « présence » — ou plutôt le passage — de Jacques Derrida parmi nous, c'est par quelques questions que je m'aventurerai à terminer ce parcours fait, je l'espère, à sa suite et sur ses traces.

---

[3] C'est avec la même métaphore que G. Morel évoque — dans *Le Signe et le Singe* — la navigation derridienne : « errance sans dépendance, comme on dirait d'un bateau qu'il dérive, sans port d'attache, sans escale et sans but » (Aubier 1985, p. 266).

La première concerne le rapport entre la déconstruction comme stratégie et comme aventure. Tout est, semble-t-il, calculé et programmé de manière à déjouer absolument le calcul en l'ouvrant sur le non-maîtrisable. Mais dans quelle mesure, dès lors, le risque n'est-il pas ainsi programmé et la perte destinée ? N'y a-t-il pas encore de la maîtrise, en outre, dans l'affirmation, par exemple, d'une « fiction plus *puissante* que la vérité qui l'habite et qu'elle *inscrit en* elle » (*CP*, 454 ; c'est moi qui souligne) ? On dira peut-être qu'une telle question ne peut venir elle-même que d'un horizon de « maîtrise » : n'est-ce pas « toujours au nom d'un royaume qu'on peut, croyant la voir s'agrandir d'une majuscule, reprocher (à la différance) de vouloir régner » (*M*, 22) ? Peut-être, mais n'y a-t-il pas là, précisément, une « défense » si puissante qu'elle en vient à exclure et à disqualifier tout questionnement ?

La seconde question a trait à ce qu'on pourrait appeler la relation entre altération et altérité. Il semble, en effet, que l'altérité absolue, celle de « l'absolument autre qui ne peut jamais être réduit au même ni prendre place dans un tout » (Maurice Blanchot, *L'Entretien Infini*, 319), ne puisse être visée qu'à travers l'altération sans fin de toute altérité réductrice toujours relative au même. D'où une approche nécessairement paradoxale de cet autre « qui ne peut s'approcher *comme autre*, dans son phénomène d'autre, qu'en s'éloignant, et *apparaître*, en son lointain d'altérité infinie, qu'à se rapprocher. En son double pas d'autrui, l'autre disloque l'opposition du proche et du lointain sans pourtant les confondre » (« Pas », in *Gramma* 3/4, 130 ; cité in *FH*, 205). Est-il possible de préciser ce paradoxe du rapport entre l'altération économique et l'altérité anéconomique, de mieux « identifier » ainsi, avec tout le danger que cela comporte, « cela » qui ne peut que se montrer avec l'index comme dehors inappropriable et autre inaltérable ?

Finalement, il est possible de se demander si la déconstruction, bien qu'elle se veuille essentiellement tournée vers l'affirmation ludique d'une multiplicité et d'une dissémination positives, ne reste pas en partie prisonnière d'une certaine fascination pour le négatif et la mort, le vide et l'absence. Henri Meschonnic, par exemple, la soupçonne de « sacraliser la non-identité, la négativité, l'impossible » (*Le Signe et le Poème*, 490) dans un mouvement de fuite ou de dérive sans fin où il détecte le retour « de la nostalgie métaphysique elle-même » (*ibidem*, 445), voire même « la relève, métaphysiquement, d'une autre pensée du Tout-Autre » (*ibidem*, 411). Dans des termes moins agressivement critiques, il est possible d'estimer que la pensée de l'écriture est plus forte dans sa dénonciation de nos rêves mythiques (plénitude, présence, proximité, vie sans mort, etc.) que dans la création du *nouveau* qui nous appelle. Derrida, d'ailleurs, n'en convenait-il pas en partie lorsqu'il reconnaissait récemment : « S'agissant de la nostalgie, j'ai dit que je voulais rompre avec cela, mais je garde (et j'assume cette garde, parce que c'est ainsi) une nostalgie de la nostalgie » (*FH*, 311) ?

Quoi qu'il en soit de ces critiques ou plutôt de ces questions, je crois qu'il faut saluer le courage d'un penseur pour qui l'écriture a été et demeure une lutte constante contre soi-même et contre les fantasmes de son — de notre — désir : « Il a bien fallu que j'écrive exactement le contraire de ce que je désire, de ce que sais être mon désir, autrement dit de toi : la parole vive, la présence même, la proximité, le propre, la garde, etc. » (*CP*, 209). Et, s'il est effectivement permis de trouver à cette quête certaine tonalité « mystique », c'est à condition de préciser, me semble-t-il, qu'il s'agirait alors d'une mystique du départ et de l'exode, non de la fusion ou du retour à l'un ; mystique au sens où, pour Michel de Certeau, « est mystique celui ou celle qui ne peut s'arrêter de marcher et qui, avec la certitude de ce qui lui manque, sait de chaque lieu et de chaque objet que ce n'est *pas ça*, qu'on ne peut résider *ici* ni se contenter de *cela* » (*La Fable mystique*, 411). Et ce départ « mystique » vers l'inconnu, en réponse à un appel qui me « tombe » dessus et dont je ne suis pas maître, est peut-être aussi bien le seul geste véritablement « éthique » — par-delà toute ontologie et toute loi positive — auquel nous soyons conviés lorsque fait défaut toute sécurité, au temps de la détresse : « C'est quand je suis démuni et ne sais que faire que j'ai bien affaire à la voix de l'autre. De cet appel, on ne s'acquitte jamais. "Tu dois, donc tu peux", je l'entends toujours comme un "tu dois, donc tu ne peux pas", quoi que tu fasses. A ce signe de détresse, je reconnais cette voix de l'autre qui dicte et à qui il faut obéir. C'est pour moi le seul impératif » (*FH*, 183).

QUESTIONS

Pierre-Jean Labarrière :

Ce que nous venons d'entendre est si riche que les réactions immédiates risquent d'être pâles... Nous allons tenter quand même cette aventure, il le faut. Il y a des remarques à chaud qui peuvent être significatives, et qui permettent à tout le moins d'engranger quelques questions qui se décideront, si je puis dire, par après. Nous aurons tout à l'heure un grand temps de « résonance » que chacun pourra mettre à profit pour laisser émerger de cette richesse ce qui peut être retenu, ce qui doit être interrogé. Mais ce temps de décantation sera avantageusement préparé par ce premier échange d'arguments que nous engageons maintenant.

Il me paraît correct de me tourner d'abord vers Jacques Derrida. S'il a envie de ne rien dire, cela fait partie de la règle du jeu ; mais s'il a envie de dire quelque chose, c'est à lui qu'il est normal de donner la parole en premier.

Jacques Derrida :

Je ne veux pas ne rien dire !... Très difficile pour moi ici de prendre la parole... D'abord, je vous remercie pour la lucidité, pour la générosité de la lecture de votre questionnement. Au fond, vous nous avez donné à penser la vérité d'une lecture pensante : aucun texte ne peut se défendre si l'autre ne vient d'abord à son secours. Aucun texte n'a la solidité, la cohérence, l'assurance, la systématicité requise si la réponse de l'autre ne vient l'interrompre, et, l'interrompant, le faire résoner. Par conséquent aucun texte n'est « mien » comme on dit ; et aucun texte ne pourrait prétendre démontrer quelque chose si un certain mouvement de l'autre ne venait lui faire dire ou lui laisser dire ce qui s'y essaie. Vous l'avez très bien dit, cette dissymétrie est justement ce à quoi j'essaie de laisser le passage, et là aussi vous m'avez lu dans la lumière généreuse. Bien sûr — mais je ne veux pas le faire, surtout en improvisant très vite —, je pourrais être tenté je ne dirais pas de répondre, de compléter, mais de faire résonner quelques échos à ce que vous avez justement dit.

Un détail d'abord — il s'agit de choses factuelles et ponctuelles. « C'était, peut-être cela, *hier, la croyance même* », renvoyait au titre d'un exposé qui avait été fait la veille[4]. Donc ce n'était pas la croyance d'hier !! Vous avez, c'était tout à fait votre droit, infléchi votre lecture vers *ce lieu*-ci, vers ce contexte si on peut appeler cela un contexte. Cela pouvait vous pousser à privilégier ou à sélectionner tel ou tel texte. Je ne sais pas si l'on peut appeler cela un contexte, mais votre insistance sur la question de la religion chez Hegel, cette rive de la religion qui peut permettre de résister au savoir absolu, votre allusion à la grâce dans le texte de Cerisy[5], étaient autant d'indications que je ne veux absolument pas effacer, ni même compliquer — autant d'indications dictées par le « contexte » dans lequel nous sommes et qui justifie amplement votre stratégie, si je puis dire.

Je n'ai pas les moyens, surtout en improvisant, de répondre aux quatre grandes questions que vous avez posées à la fin. Mais sans y répondre, je vais quand même réagir, si vous me permettez, très spontanément et très vite. Bien sûr, dans le projet de calculer *jusqu'au* point de non-calcul, ou *pour que* le calcul n'ait pas raison du tout, il n'y a pas seulement un projet mais une activité de maîtrise. Simplement, c'est une maîtrise qui se donne, j'oserais dire pour fin — parce que ce n'est pas une finalité — de déjouer la maîtrise. Au prix d'une négociation et d'une stratégie. Je sais

---

[4] A Cerisy la Salle. Cf. l'exposé de Luce Iragaray, publié dans *Les fins de l'homme*, à partir du travail de Jacques Derrida (Galilée 1981). A propos de cette mise au point — de ce rappel — cf. ci-dessus, dans le texte de Francis Guibal, l'hypothèse présentée dans la note 2 (p. 25).

[5] Jacques Derrida, *D'un ton apocalyptique adopté naguère en philosophie* (Galilée 1983), d'abord prononcé à Cerisy la Salle en 1980.

bien que quand on entre dans ce jeu-là, on n'est jamais sûr de
ne pas confirmer la maîtrise. Et ce dont on n'est jamais sûr est
quelque chose qui règne sur tous les pas ; et là c'est encore à
un autre de décider. Si l'autre veut démontrer qu'il n'y a dans
la stratégie que vous avez décrite que de la stratégie en vue de
la maîtrise, il aura raison ; et je sais que la démonstration est
possible. Si l'autre entend répondre autrement — mais ça ne se
passe pas simplement dans les « textes ou dans les institutions
académiques, ça se passe dans ce qu'on appelle la vie — à ce
moment-là il en ira autrement.

Dans vos quatre questions il y avait une même loi — j'ai beaucoup admiré la distribution — une même règle, un même schéma,
qui se répétait, à propos de « altérité et altération ». Bien sûr,
pour respecter le tout autre de l'altérité, il faudrait que l'altération même — qui suppose toujours un contact, ou une intervention, une transformation socio-politique, psycho-etc. — il faudrait
qu'une altération même ne fût pas possible. Si l'autre est à une
distance infinie, et c'est à cette condition qu'il est autre, il ne
peut non seulement pas me toucher, m'affecter, mais pas même
altérer quoi que ce soit. Ce rapport au tout autre, au fond, laisse-
rait les choses inchangées, non altérées. Et c'est une logique irré-
futable que l'altérité pure ne devrait pas être compatible avec
la logique de l'altération. Il y a un moment où je sens qu'*il faut*
réengager la négociation — c'est un souci politique, disons,
historique. C'est que si on s'en tient au respect pur de cette altérité sans altération, on risque toujours de prêter la main à l'immo-
bilisme, au conservatisme, etc., c'est-à-dire à l'effacement de
l'altérité même. (...) Il n'y a pas de réponse raisonnable, rationnelle
à cette question-là. Il n'y a pas de logique.

De même pour votre troisième question, qui est d'une certaine manière toujours la même. Bien sûr il y a la fascination,
sans doute, pour l'absence. Cette fascination — je ne veux pas
la décrire en termes psychologiques ou existentiels, mais on
pourrait le faire — ; or ce qui dans le travail d'écriture, dans
le travail de pensée, peut ressembler à de la fascination, c'est
la phase ou le mode indispensable pour l'élan de l'affirmation.
Une affirmation qui ne serait que dans la positivité ne serait

pas affirmative. Est-ce que c'est la question de la théologie négative ? On me l'a souvent posée... J'ai toujours été incapable d'y répondre, d'abord parce que ce qu'on nomme très vite sous ce titre, la théologie négative, c'est un corpus assez différencié, assez compliqué pour qu'on n'en traite pas d'un mot, et comme je ne me sens pas du tout assez compétent, assez expert pour en parler sérieusement, je dirais, en forme de principe et en termes généraux, que si la théologie négative, si ce qu'on range sous ce titre, si les textes, les mouvements, les expériences qu'on range sous ce titre restent, par leur langage au moins, de l'ordre de l'ontothéologie, si à travers les textes de la théologie, comme d'ailleurs à travers tous les textes de la métaphysique, quelque chose d'autre s'annonce, alors ce la m'intéresse autant que Platon, et encore maintenant, ou que Hegel.

Je dirai autre chose pour la mystique. Si on prend ce mot dans son sens un peu trivial, impliquant l'expérience de la présence, le contact, l'intuition, il me semble que je suis aussi peu mystique que possible, ou si peu bercé par la mystique même si j'en rêve. Parce que, comme vous l'avez si bien dit et je vous remercie de l'avoir rappelé, j'écris contre mon désir. Je sais très bien qu'entre mon désir et la néccesité — ce que j'appelle la Nécessité avec un grand N dans *La carte postale*, comme un personnage — entre mon désir et Nécessité, et ces nécessités qui me dictent ce que j'écris, il y a une guerre absolue. Je ne dirai pas que je n'ai pas de désir mystique, mais une certaine nécessité qui gouverne ma vie est totalement étrangère à la mystique entendue en ce sens trivial. Je ne me rappelle pas littéralement la définition de Michel de Certeau ; quand je l'ai entendue, je me suis dit : oui, pourquoi pas ! Mais on serait très nombreux à le dire sans doute.

Sur le quatrième point (et je m'arrête parce que je ne voulais pas parler trop longtemps), je dirai ceci : le mot de « détresse » je ne veux pas le renier, je crois qu'il dit la condition quotidienne de ce discours de l'affirmation que je voudrais tenir, et toujours dans la détresse. Mais je laisse de côté la détresse, je parlerai de l'indécision. Il y a deux portées de l'indécision ou de l'indécidabilité. J'ai beaucoup insisté sur le *double bind* ou l'indécidabilité ;

mais il y a une indécidabilité qui est de l'ordre du calcul et de la dialectique : c'est ce qui, à un moment donné, vient manifester la limite, l'impertinence, l'incompétence d'un dispositif de décision : programme, calcul, dialectique, etc. Mais cette première indécidabilité qui est en duel en quelque sorte avec la dialectique, elle est du *même* ordre ; donc elle est de l'ordre du calcul, elle appartient encore au calculable ; je m'y réfère, je me sers de ce levier constamment, mais aussi pour faire signe vers une indécidabilité qui est d'un tout autre ordre, et qui est totalement hétérogène au programme de la dialectique ; et cette dernière indécidabilité n'est pas du tout étrangère à la décision, curieusement. Elle est la condition de toute décision, au-delà du calcul et du programme. Que serait une décision calculable, programmable ? Quand la question grave de la responsabilité se pose, et donc de la décision, du trancher, entre cette indécidabilité du deuxième ordre — de l'hétérogène — et la décision, non seulement il n'y a pas d'incompatibilité, mais il y a une sorte de terrifiante co-implication. C'est au moment où le calcul est impossible que quelque chose comme une décision s'impose — dans tous les ordres, on peut traduire cela en termes d'éthique ou de politique — et à ce moment-là la « seconde » indécidabilité n'est pas le suspens de l'indifférence, la différance comme neutralisation interminable de la décision, au contraire, c'est la différance comme élément de la décision et de la responsabilité, du support à l'autre.

Pierre-Jean Labarrière :

— Merci, Jacques Derrida. Je demande votre complicité pour priver maintenant Francis Guibal de parole. Il interviendra tout à l'heure librement dans la suite de la discussion, quand viendront les échos croisés que nous ferons à son exposé et à ce contrepoint de Jacques Derrida. Je vous propose de prendre un quart d'heure pour faire la collecte des questions, des réactions, que telle ou tel d'entre vous voudrait nous livrer dans l'immédiat.

François Marty :

— En écoutant surtout la fin de l'exposé de Francis Guibal, et les remarques de Jacques Derrida, je me suis arrêté au lien qui a été souligné avec l'apocalyptique, et qui correspond à quelque chose d'explicitement énoncé par Jacques Derrida. Est-ce qu'il ne serait pas intéressant de réfléchir sur le texte même des apocalypses ; apocalypses qui se trouvent à la fois dans le premier Testament et dans le second Testament, dans ce que nous appelons Ancien et Nouveau Testament ? J'indiquerai deux points : la place des figures dans l'Apocalypse, d'abord les figures qui comportent toujours un caractère énigmatique. Ne peut-on pas parler de non-destination ? Car finalement une énigme n'a pas de destinataire propre, surtout pas de destinataire qui la résolve. Et d'une certaine façon aussi, pas de retour. On ne règle pas son compte à une énigme, si je peux dire. Peut-être aussi, le caractère de gaieté rappelé par Francis Guibal : il y a toujours de l'humour dans les figures apocalyptiques, même s'il est quelquefois un peu grinçant. Et puis, deuxième élément à propos de la décision, du décidable et de l'indécidable : le propre des apocalypses, c'est que le terme qui est visé, le *telos*, est absolument indécidable, alors même que de façon assez amusante des chiffres sont donnés. Un calcul est possible, mais le propre de calcul c'est de bien marquer qu'il n'y a pas de décision possible. Et pourtant je crois que là on aurait un modèle de jeu entre première et deuxième décision.

Pierre-Jean Labarrière :

Nous l'engrangeons, selon la stratégie que nous avons adoptée pour garder la maîtrise du débat.

Stanislas Breton :

Je risque une remarque incidente sur « mystique » et « théologie négative ». Je crois utile de ne pas les confondre. La théologie dite négative est un discours (aussi bavard à sa façon, et aussi compromettant, que la théologie positive ou « cataphatique »), qui s'efforce, tant bien que mal, de préserver, dans un langage bâtard, *cela* même (appelons-le, faute de mieux, « l'élément mystique ») qui rompt tout langage (y compris le négatif), et qui, au-delà de toute ontologie ou théologie, c'est-à-dire de tout ordre, dépayse le « mystique » dans une quasi-région de totale dissimilitude. Pour faire court, j'ai cru pouvoir distinguer deux types de mystique : la première à vection « hénologique » (inspirée du néo-platonisme, elle commande en partie la spiritualité eckhartienne) ; la seconde, moins « habitante » et plus « errante », à vection « diasporique ». C'est cette dernière, je crois, que vise surtout le texte cité de Certeau dans *La Fable mystique*. Mais dans l'une et dans l'autre de ces formes, ce qui me paraît — à tort ou à raison — être l'essentiel, c'est moins « la distance » ou le « tout autre » que l'énergie d'une « mise à distance », le refus de s'arrêter quelque part, le refus de toute fixation qui réitérerait l'antique prestige de l'idole. Dans les « mystiques sauvages » — comme les dénomme de Certeau — on observe, chez Surin en particulier, avec insistance parfois, le langage de « la perte », du « naufrage » (« sauvage » rimant avec « naufrage »). Mais je ne suis pas certain que ce quasi-négatif en représente le facteur déterminant. Par sa fascination même, il requiert lui aussi « une mise à distance », une « mortification ».

Pierre-Jean Labarrière

Je me permets de poser à mon tour une question à engranger. Est-ce une question, est-ce une remarque ? Je n'en sais rien. J'allais dire qu'elle prend place dans le champ quasi visualisable, représentable, où se joue la stratégie d'une relation qui échappe à toute perversion dualisante. Inaltérable, a dit tout à l'heure Jacques Derrida, devrait être celui qui, de façon radicale et sans question possible, est hors des prises de qui parle. Je me demande si la représentation que l'on tire de là, à savoir qu'il s'agirait d'un face à face — avec l'abîme intermédiaire qui rendrait impossible le passage, le transit — ne risque pas de bloquer le discours au regard de la joyeuse errance et de la perpétuelle résurgence à laquelle il devrait être promis. Pour ma part, je me demande si le caractère d'inaltérabilité de l'Autre — auquel, sous certains attendus, je suis prêt à souscrire — ne vient point en réalité de ce qu'il est reconnu comme *altérant*, et cela au centre même du procès que j'engage. Ce qui briserait avec l'imagerie ou la représentation du simple face à face, et mettrait, si je peux dire, l'Autre et moi-même du même côté du procès qui s'engage. Autrement dit, je crois que je ne puis « errer », sans abuser du terme, dans cette vérité joyeuse, que parce que l'Autre est ce qui m'engage perpétuellement dans cette aventure.

J'ai été fort heureux d'entendre la troisième et la quatrième parties de Francis Guibal, et — je le dis sans ambages — je suis prêt à accepter presque toutes les formulations qu'il proposait, non moins que l'aventure qui là s'annonce. Mais cela implique, du moins je le crois, que l'altérité irrépressible ne soit ni d'origine ni de terme. Je vais réintroduire un mot au centre de ce dispositif en procès, le mot de « médiation ». Ce sur quoi l'on pourra revenir. J'ai voulu engager ce propos comme une pierre d'attente.

Christine Buci-Glucksmann

C'est peut-être moins une question à engranger qu'une insistance sur quelque chose de la différance dans le travail de Derrida, et qui n'est peut-être pas apparu avec la force que je lui accorderais. Il me semble que dans la différance, en tant qu'elle sous-tend la question de l'altérité, il y a un travail de déconstruction ; et donc que la question de la différance est toujours rapportée à ce que d'ailleurs Lévinas appelle la « qualité de la différence ». Quelque part, cette qualité de la différence implique que la différence soit annulée ou s'annule à partir du moment où elle est pensée dans l'ordre d'une filiation, et en particulier dans l'ordre de la filiation d'un *logos*, et tout particulièrement dans l'ordre d'une filiation paternelle. Cela d'ailleurs a été soulevé à deux reprises dans ce qui nous a été présenté à propos de Platon, où le *logos* invalide, en somme, interdit de poser l'altérité véritable : c'est là un thème permanent de Jacques Derrida. Cela veut dire au fond que, si toute filiation paternelle dans l'ordre d'un *logos* qui se transmet est ici interdite, on pourrait dire — comme à partir du travail de Nietzsche — qu'il y a un rapport de la différance au féminin : point qui lie, me semble-t-il, le travail de Jacques Derrida a quelque chose de Lévinas, mais en termes beaucoup plus éthiques — je crois que c'est une éthique du féminin —, puisque dans la communauté inavouable l'excès est de ce côté-là.

Je voudrais alors insister — avec différance précisément — sur ce point, car il me paraît tout à fait important dans le travail de Jacques Derrida ; si donc ce point peut être remarqué, et marqué même encore plus, je me demande si la lecture en termes d'absence — bien que je la partage, en tant que l'absence, le vide, marque un excès dans le négatif —, je me demande s'il n'y a pas, et déjà chez Derrida, une autre sortie, qui ne serait pas du côté de l'éthique de l'indécidable, mais de quelque chose qui serait l'excès par rapport à la représentation. Quelque chose qui se donnerait du côté de ce que Jacques Derrida appelle le féminin, précisément. Ce qui imposerait de poser deux lieux, au moins, où les choses se jouent dans le travail de Derrida.

C'était une accentuation, plus qu'une question.

André Jacob :

Je voudrais simplement radicaliser la question précédente en souhaitant que tout à l'heure Jacques Derrida précise — puisqu'il a ouvert cette possibilité — les raisons pour lesquelles il parle rarement d'éthique.

Pierre-Jean Labarrière :

C'est une question adressée directement à Jacques Derrida : nous y reviendrons avec lui tout à l'heure.

Elisabeth de Fontenay :

Je voudrais dire quatre petites choses. Deux d'abord en rapport avec le « contexte ». Avoir tiré l'événement, comme ce qui échappe au calculable, du côté de la « grâce », malgré le mot employé par Derrida, c'est négliger le fait qu'il y a toute une tradition grecque, et pas seulement grecque, du *kairos*. Il y a sans doute des gens plus compétents que moi pour parler de cela ici. Mais le *kairos* chez Aristote, chez les Stoïciens, chez Machiavel — Jankelevitch a parlé très bien de cela, du reste... je crois que le *kairos* est un mot du Nouveau Testament aussi, pour parler de l'Incarnation, de l'Evénement. Il y a donc sûrement des choses à dire sur cette tradition grecque.

Autre question liée au « contexte », une question qui est plus précisément en direction de Derrida. En revenir à la mystique ? Je pense, Jacques, que vous êtes plus « mystique » en fin de

compte que vous ne le croyez. Parce que, comme Stanislas Breton
l'a rappelé, la mystique est en rapport avec le rien, avec le désert,
avec l'absence, avec le *nada*. Je crois que, parlant de votre travail,
on ne parle pas seulement de vos écrits, on parle aussi d'autre
chose. Le travail de Jacques Derrida, c'est un travail d'expérience :
un travail sur le rien, l'absence, mais aussi une institution : vous
êtes un grand instituant, un grand constituant...

Deux autres questions. J'aimerais beaucoup que vous vous expli-
quiez sur la « Nécessité » — ici, justement, dans ce « contexte » —,
sur la nécessité qui vous dicte ce que vous écrivez et qui gouverne
votre vie.

Quand à la dernière question, je n'arrive pas bien à la formuler.
Elle concerne l'évocation faite par Guibal du brouillage, du déraillement. Guibal a dit : c'est à la fois, à propos de vous, de votre
travail, « ce qui nous arrive » et « ce qu'on fait ». Je voudrais
que l'on réfléchisse, de fait, sur le rapport entre « ce qui nous
arrive » et « ce que l'on fait ». Tel que cela est présenté, ou même
tel que cela peut paraître parfois, ce pourrait ressembler à une
collaboration avec le désastre, une certaine confusion qui ressortit
à la banalité ; c'est comme « en rajouter ». Or je crois que le
travail de Jacques Derrida est en rapport avec « ce qui nous
arrive », mais qu'il ne se contente pas de le retracer... Je n'arrive
pas à bien formuler cette question, mais c'est pour moi la plus
importante.

Pierre-Jean Labarrière :

Peut-être est-elle celle qui sous-tendait les quatre questions de
Francis Guibal ; mais nous la formulerons le temps venu.

Je vous propose d'arrêter là notre première partie, bien rem-
plie, et je remercie encore celui qui a introduit et permis cet
échange prometteur.

DIFFÉRENCE, RELATION, ALTÉRITÉ

PAR STANISLAS BRETON

Sous la présidence de Pierre Colin

Pour l'instant, ma tâche ne serait difficile que dans deux hypothèses assez improbables : la première, si passant la parole au Père Breton il refusait de la prendre ; la seconde, si vous refusiez de l'écouter. Le Père Breton est prêt à nous parler, je pense ; nous nous réjouissons de l'écouter. Et donc, nous n'aurons pas l'irruption de ce type d'« altération » à l'intérieur de notre discours...

Sur les trois notes de ce titre, j'imagine qu'un philosophe, à supposer qu'il ne juge pas un tel exercice indigne de sa discipline, aimerait risquer une improvisation. Je dis bien « trois notes » pour souligner par là que les « choses » fort abstraites que désignent nos pauvres mots, sont plus et mieux que les abstractions. Pour certains, elles ont, dans une mémoire cordiale ou dans un « je pense » qu'elles accompagnent, leur timbre particulier et leur espace de rayonnement. Ce sont des « pas » qui ont chanté.

Or, lorsqu'on dispose ainsi d'un jeu de ce genre, on hésite entre deux possibilités : ou bien, dans un récit plus ou moins spéculatif et partial, ressaisir ce qu'ont voulu dire ces vocables, d'évocation et d'invocation, qui dessinent le sens d'un mouvement ou d'un tournant, voire l'esprit d'une époque ; ou bien, négligeant des appuis dont l'exégèse est toujours contestable, risquer, dans un certain vide d'entendement, la petite aventure d'une pensée. Tout en optant pour ce second parti, je concède volontiers qu'il n'est guère possible sans une conscience, plus ou moins précise, du passé et du présent. Sachant de quel côté je penche, on me pardonnera quelques raccourcis préalables.

I

En ces temps déjà très anciens où les enseignants de philosophie étaient, à leurs heures prescrites, des « préparateurs » en épistémologie, un ouvrage, jadis bien connu, passait pour un des classiques en la matière. Il s'intitulait : *Identité et Réalité*. L'auteur s'efforçait à une lecture en profondeur de ce qui était alors le « savoir sérieux », de la mathématique à la physique, celle-ci représentée par ce qu'il appelait « la déduction relativiste ». La question fondamentale, selon lui, n'est autre que celle-ci : en quoi consiste l'esprit scientifique ? la nouveauté einsteinienne n'étant, dans le cas présent, que la manifestation privilégiée de l'essence du savoir. Le savoir lui-même exprime, sous sa forme la plus rigoureuse, le « cheminement de la pensée ». « Qu'est-ce que penser » ? revient donc à se demander

« qu'est-ce que savoir » ? Or savoir c'est « identifier » ; ou encore
« réduire à l'identique » l'innombrable diversité qualitative de
ce que nomme le substantif « réalité ». La théorie relativiste du
« champ unifié » nous en offre le modèle. L'audace du génie,
ici encore, se relève dans un merveilleux vouloir : réduire à
l'unité les grandes forces qui gouvernent l'univers. La formule
cherchée nous eût livré l'équation du monde, le *logos* du Réel.
Tentative grandiose, dont les incertitudes ou les péripéties, voire
l'échec provisoire, relancent indéfiniment le courage du véritable
savant.

Le philosophe retrouvait ainsi, par une méditation de l'entreprise scientifique, l'idée et l'idéal d'une ontologie, qui fut
longtemps « traditionnelle » (ne la confondait-on pas avec la *philo-
sophia perennis* ?) et qui définissait l'« être en tant qu'être » par
le possible et le possible par l'absence de contradiction. La peur
du contradictoire serait-elle le commencement ou le principe
de la sagesse philosophique ?

Pourtant, à peu près à la même époque, un logicien s'interro-
geant sur le particularisateur existentiel ou sur les propositions
d'existence, n'hésitait pas devant un paradoxe qui eût plus que
surpris le philosophe de l'identité. Quelle serait la formule logique d'un énoncé aussi banal que celui-ci : « il y a des philosophes français » ? Retraduite en langage simple, l'équivalence
prendrait la forme suivante : « une classe déterminée », décrite
par la propriété « philosophe français », est distincte de la classe
nulle. Il faut donc passer par le zéro pour risquer un jugement
existentiel. Or la classe nulle se définit elle-même comme l'ensemble des objets qui, n'étant pas identiques à eux-mêmes, ne peuvent être que contradictoires[1]. La différence ontologique ne
serait pensable que par ce détour qui nous affronte au néant
pur et simple. L'impossible devient la condition nécessaire. Ces
étranges propos, que je soumets à un libre développement, rejoi-
gnent cette non moins étrange métaphysique qui ménageait l'accès

---

[1] Dans la terminologie russelienne, la transcription de l'énoncé devient :
$\hat{x} f(x) \neq 0$. La classe nulle a pour définition : $0 = \hat{x} (x \neq x)$. J'emprunte
ces formules à J.-M. Bochenski, *Logisch-Philosophische Studien*, Freiburg-
München, 1959, p. 103.

à l'être par le biais de son opposition au « rien », c'est-à-dire à l'absolu de l'absurde. Le malin génie qui hante cette ontologie n'a point découragé ses partisans. La fascination de l'identique en conjurait la menace. Mais la menace n'en était pas moins insistante. J'entends encore un de mes vieux maîtres s'écrier dans un mouvement d'éloquence, qu'il ne pouvait réprimer — « à, la gloire de l'être », disait-il — « à qui le regarde fixement, le réel du monde, par sa diversité même, serait la violation du principe d'identité ».

Si je me suis permis ce rappel d'un lointain passé, et de conceptions qui, même en ce temps-là, ne ralliaient pas tous les suffrages, tant cette obsession de l'identique parraissait minimiser le mouvement historique du savoir, ce n'est point pour le seul plaisir de suggérer, par la violence du contraste, un jugement de condescendance sur la candeur de nos aînés. Ce serait, sans plus, pour marquer à quel point nous pensons autrement. L'adverbe *autrement*[2] ne signifie aucune supériorité. Il énonce un déplacement des questions et des intérêts en fonction de ce qu'on peut appeler encore « l'esprit du temps ». Il serait excessif de croire que les philosophes, trop dociles aux nouveautés ou aux engouements de leur époque, aient sacrifié la rigueur de la pensée aux facilités d'une littérature de commentaire ou d'accompagnement. L'épistémologie, il est vrai, sous les diverses formes que nous lui avions connues, ne fixe plus une préoccupation majeure. Mais cette relative indifférence ne trahit pas une insensibilité à l'égard du phénomène massif du savoir, selon toute l'extension de sa puissance. On pourrait dire au contraire qu'on ne s'en est jamais autant soucié. La différence consiste peut-être dans un report de l'attention, de l'objet et des discours qui le concernent, au projet du savoir, avec toutes les connotations de ce projet, qu'elles soient de nature technique, économique ou politique, pour ne rien dire d'une étude plus approfondie de ses liens avec le destin de la philosophie en Occident. Ce n'est là, du reste, qu'un cas parmi d'autres de ce « déplacement » qui remet en cause un style

[2] Une librairie parisienne a fait récemment, de cet adverbe, son enseigne commerciale. Il serait abusif d'y voir la retombée économique d'une nouvelle philosophie.

de pensée. La « réduction à l'un », confondue le plus souvent avec « le même », sévira dans tous les ordres. On ne s'étonne pas qu'elle soit dénoncée par les milieux les plus divers. L'accusation vise l'organisation totalitaire aussi bien que le « religieux » du monothéisme. Et l'on sait que la métaphysique occidentale, par son oubli de la célèbre Différence, aurait été victime elle aussi, depuis toujours et en vertu de sa quasi-essence, de ce « mal » dont on peut se demander s'il ne se confondrait pas avec une sorte de péché originel ; à tout le moins, si l'on tient à éviter le langage de la faute, avec une impuissance congénitale. Il importe dès lors de voir les choses de plus près et, tout en restant éveillé aux souffles qui passent, de ne point assimiler cet éveil à un phénomène d'entraînement.

II

C'est dans ce climat que parut l'an dernier *Le Discours de l'Altérité*[3]. Le titre est austère, en son accent de modernité. Il convient de ne le point dissocier de son complément : *Une logique de l'expérience*. Expérience et discours, subtilement analysés en leur réciprocité, sont en effet le lieu où s'équilibrent, sans perdre leur originalité, les forces ou les poussées auxquelles faisaient allusion les substantifs de mon ternaire.

L'ouvrage est dense, d'une richesse qui risque parfois de déconcerter le lecteur. J'aurais aimé m'attarder aux analyses souvent fort originales qui sous-tendent ou justifient les propositions spéculatives, celles, par exemple, qui concernent la nouvelle table des jugements, la signification conceptuelle du pronom « on », le grand oublié de certaines études, ou encore les apparentes digressions sur le « respect », sur les rapports du poétique et du logique. Je suis contraint de m'en tenir aux grandes lignes, en vue de dégager l'esprit et le cheminement d'un discours qui est aussi bien un parcours personnel.

---

[3] P.U.F. col. Philosophie d'aujourd'hui, Paris 1983. Les citations, suivies de leur pagination, renvoient, sauf exception, à cet ouvrage.

1.Ce texte trahit, en effet, à plus d'un indice, l'engagement, ou si l'on préfère, l'option de son auteur. Quelques linéaments d'une biographie intellectuelle expliquent l'intervention continue du « je » qui préfixe si souvent les affirmations. C'est qu'il s'agit bien d'une prise de position énergique, qui remonte assez loin dans le temps. « car — nous est-il précisé — le choc de la philosophie, en ce qui me concerne, antécéda de loin le temps où je dus, par nécessité scolaire et bientôt par passion, commencer la lecture personnelle des grandes pensées dont porte mémoire notre histoire culturelle ». En fait, cette mémoire n'est pas abolie, bien que les noms propres en soient quasiment absents. Elle accompagne chacun des développements, sous la forme d'une intériorisation (une *Erinnerung*, comme il nous est dit). Mais elle est traversée par une idée qui vient de plus loin, « Si loin que je remonte, la première polarité de mon effort de pensée a toujours été une quête de l'unité ».

En ce sens, le « discours de l'altérité » est à la fois la réalisation d'une idée, qui serait moins une fixation que la passion d'une étoile fixe, et l'hommage à une tradition qu'habita si longtemps le problème du « même et de l'autre ». Toutefois, cette fermeté, dans une orientation qui ne se dément pas, n'a rien d'une raideur sectaire. Là encore le « tempérament », sans atténuer la rigueur, a gardé le philosophe de « cette abstraction réductrice qui jouerait l'un et l'universel contre la multiplicité et la particularité », lesquelles, ajouterai-je, sont toujours ressenties, dans leur fraîcheur d'immédiat, comme une dimension « poétique », « esthétique » si l'on veut, de la logique elle-même. On comprend alors, en fonction d'un leitmotiv quasi musical qui était à l'origine comme un « rythme vide, la résolution d'un vouloir qui permettrait *d'honorer l'une par l'autre* ces deux dimensions — l'unité, les différences — que tant de philosophies avaient, semble-t-il, jugées incompatibles, et que je voulais pousser l'une et l'autre au maximum de leur propre logique ». Je souligne au passage cette volonté de pousser les incompatibles à leur inévitable rencontre, ainsi que le verbe « honorer » dont la fréquence dans ces pages ne peut manquer de frapper le lecteur. « Honorer » n'est pas une réminiscence d'homme d'Eglise, bien qu'il garde quelque chose de cette révérence liturgique qui salue, en cela même qui sollicite une critique, la perle précieuse où brille un fragment du sacré qu'il importe de préserver ou de sauver en le restituant à la totalité où il prend place dans la plénitude de son sens et de ses droits. L'honneur rendu est l'acte d'un respect, indissociable lui-même de cette relation dont il est dit qu'elle « était au commencement ». La totalité, je le signale au passage, n'a donc rien d'un « totalitarisme » niveleur. Et si, là encore, bien que dans un autre contexte, on peut lire en filigrane le mot célèbre d'une normande « je choisis tout », on se gardera de conclure aussitôt à la gourmandise d'un parti pris « attrape tout », ou d'une intégration à tout prix, pour le maximum d'effet dans un minimum de dépense.

Tel est donc le projet dont ce livre raconte l'existence. L'itinéraire accomplit une idée d'origine — un « pas qui a chanté jadis » — par la volonté résolue d'un parcours-discours qui *honore* l'unité par les différences et les différences par l'unité (cf. p. 6-7).

2. Il importe dès lors de le situer dans son contexte qui, le plus souvent, me semble-t-il, est notre environnement hexagonal. A cet égard, le jugement peut paraître un peu sévère. Il semble qu'on dénonce un mal spécifiquement français, qui serait le malheur de notre temps, dont le sectarisme « prononce une extériorité d'exclusion entre des moments pourtant complémentaires et strictement conjoints » (p. 59). Ce qui est visé par là, c'est sans doute le « structuralisme » qui sépare violemment structure et sens, structure et mouvement (p. 122)[4]. Mais le verdict

---

[4] Dans l'*Essai sur les notions de Structure et d'existence en Mathématique. Essais sur l'unité des Mathématiques et divers écrits* (Paris 1977, p. 27), on trouvera un jugement semblable d'A. Lautman : « La conception structurale et la conception dynamique semblent de prime abord s'opposer [...] Pour la première les théories sont comme des êtres qualitativement distincts (i.e. séparés), tandis que la seconde voit en chacune *une puissance infinie d'expansion hors de ses limites et de liaison avec les autres, par quoi s'affirme l'unité de l'intelligence* ». Le soulignement est de moi. La conception qui se fait jour dans ce texte, « allier la fixité des notions logiques et le mouvement dont vivent les théories », ne déplairait pas à l'auteur du *Discours de l'Altérité*.

n'épargne pas non plus des philosophies plus souples, philosophies de la liberté et du sens, qui oublient la nécessité des « systèmes expressifs ». On en dirait autant des philosophies de la différence, qui privilégient exclusivement l'altérité. « La fausse exclusion, nous dit-on, entre le même et l'autre, me paraît bloquer la recherche philosophique de notre temps [....] Le mal de notre temps — et peut-être de tous les temps — c'est l'unilatéralisme des pensées par extrêmes, qui basculent sans plus d'une affirmation dans une autre, sans prêter attention, en chacune d'elles, à la structure négative qui signe leur inter-détermination, autrement dit leur unité de relation, leur unité dans et de leur mutuelle différence » (p. 281). J'ai tenu à citer ce passage qui dit fort bien, me semble-t-il, l'esprit de l'ouvrage, par son insistance sur ce que Couturat appelait, d'un mot barbare, « l'intérité » ; et sur la nécessité du négatif ou de la mort pour que vive et respire la différence elle-même. A propos de la négation on tiendra compte des précisions qui nous sont données en divers endroits. On distingue ainsi une « négation positive, par exclusion réciproque de deux positivités, traitées selon leur extériorité mécanique ». L'altérité en jeu en reste ici encore à une altérité de différence. Celle-ci appelle un dépassement dans une négation médiatisante qui convertit « l'altérité de différence en altérité de relation » (p. 145-146). Ailleurs on oppose une « négation de chose », esclave d'une « logique des solides », et une « négation de conscience » qui, dans une perspective de logique dialectique, et par le redoublement, en forme contradictoire, de chacun des termes en relation, « accomplit le spéculaire en spéculatif » (p. 350-351).

Plus généralement, ce qui est mis en accusation, c'est le dualisme manichéen sous toutes ses formes ; un dualisme qui solidifie les polarités indispensables, qu'unissent les couples « catégoriels » ou « catégoriaux » (cette distinction entre « catégoriel » et « catégorial » mérite sans doute qu'on en fasse une question). D'où les oppositions massives entre « intérieur et extérieur », « théorie et pratique », « logique et poésie », « Mythos et Logos », « raison et irrationnel », « concept et contingence », etc., pour ne rien dire du problème que pose au philosophe le fait massif

de la violence sur lequel Labarrière, discutant les incertitudes
d'E. Weil, nous propose d'utiles réflexions (cf. pp. 86-98).

Au terme de ce rapide examen, quelle serait donc la raison
de la philosophie dans le monde présent (car il s'agit toujours
pour le philosophe de penser son temps ou, selon l'aphorisme
hégélien mis en exergue du livre, d'être « son temps au mieux,
sans pouvoir être mieux que son temps ») ?

On pourrait dire, en première approche, que la philosophie
a une tâche qui ne peut être dévolue à aucune autre discipline.
En ce sens, le *Discours de l'Altérité* est une affirmation du « courage d'être » en philosophie ; un courage qui prend la responsabilité d'une réponse (*Respondeo dicendum*, disait un médiéval),
et qui refuse de soumettre la philosophie à la condition ancillaire
d'un « Je suis celui qui suis » (sans lien avec la « métaphysique
de l'Exode »), qu'il s'agisse des sciences de l'homme ou des
sciences de la nature.

Plus précisément, le philosophe serait l'homme de l'entre-deux,
de ce *Zwischen* dont parlait le poète Morgenstern ; ou encore
l'homme du *logos* en tant qu'universelle liaison. C'est par là,
du reste, qu'on peut identifier la philosophie à une logique fondamentale, si diverses qu'en soient par ailleurs les expressions
historiques. D'où cette précision : « La philosophie est le lieu
et le milieu d'une articulation vive entre l'irréductible particularité
de ce qui est donné et l'universalité d'un dire qui, tirant le
faire de l'homme vers une rationalité communicable, assure la
médiation et le poids de vérité qu'il nous faut risquer dans l'engagement raisonnable de la liberté » (p. 72).

Universalité d'un dire, rationalité communicable, entre-deux
d'un enchaînement soumis à un impératif de cohérence, qui
n'est pas de simple non-contradiction, liaison du réel dans un
discours qui n'en est pas la reproduction ou le reflet « puisqu'il
le pose et le détermine », la philosophie ne peut pas ne pas
être systématique. Mais, dira-t-on, comment unir l'exigence du
système et la fonction libérante de la philosophie ? N'y a-t-il
pas là un insurmontable conflit ? Le système a mauvaise presse ;
il nous menacerait soit d'une prétention exorbitante à tout en-
glober au risque de ne rien étreindre, soit de tout aplatir dans

une monotone uniformité. Contre quoi il est nécessaire de rappeler que l'incohérence est tout aussi menaçante ; qu'un monde ne saurait se résoudre dans une diaspora d'impressions ; que l'acte d'une liberté est bien de faire un monde, et de le faire en se faisant, c'est-à-dire d'assurer « la circulation du sens ». On ne saurait, en effet, dissocier l'homme du monde, le réel des mots qui le disent. L'univers, il est vrai, « n'a pas attendu, pour engager son cours, que l'homme soit là pour le contempler et le façonner ». Mais quels que soient les mécanismes qui ont permis l'émergence de la vie et de l'humain — mécanismes qui excèdent la compétence de la philosophie — il faut au moins affirmer que ces « sauts qualitatifs ne peuvent être pensés que sur un fond de continuité qui donne à pressentir, aux étapes premières, l'émergence de ce qui doit venir » ; si bien que « l'esprit se présuppose aux phases mêmes qui précèdent son émergence, et qu'il ne saurait se tenir pour réalité seconde lorsqu'on interroge sur l'origine et sur le sens » (p. 114). Cette présupposition explique pourquoi l'expression, si récurrente, « les mots ou les choses » ne signifie ni une disjonction, ni l'irrationnel d'un pur accident. Son énoncé, toutefois, appelle sans nul doute, pour le lecteur, une clarification ou un ultérieur approfondissement.

3. Le problème, dès lors, est celui de la constitution du discours philosophique.

Au point de départ nous poserons un triple « *in principio* » qui équivaut à une déclaration de charte fondamentale : *Au commencement la différence.* Peut-être touchons-nous ici, « par-delà la contingence, à ce qui est le fond des choses ou des mots », quelle que soit du reste la graphie à laquelle on se décide — différence déjà là ou « différance » comme « principe de position et d'engendrement ». Là aussi gît en quelque sorte « la question spécifique de notre temps : notre engagement dans le monde vient-il buter sur la différence comme limite infranchissable » qui nous enferme en une clôture de solipsisme ; ou bien n'est-elle pas plutôt, à l'intérieur comme à l'extérieur, « ce à quoi s'alimentent le langage, la parole, le discours, recevant d'eux en retour son véritable statut d'altérité ? » (p. 115).

Comme on voit, la différence n'est pas la contingence. La contingence ne qualifie pas seulement l'univers, comme le pense une tradition à la fois théologique et philosophique, mais tout d'abord une liberté, que le monde lui-même ne précède pas pour nous et qui est elle-même, en régime humain, ce par quoi « advient ce qui advient » ; « liberté elle-même contingente et source de contingence » (p. 115). La différence est donc plutôt le « choc » initial, indissociable de la « réaction » qu'elle suscite. Forme d'extériorité, elle comporte une pluralité de termes, et bien qu'elle insinue une relation, elle ne dit pas la « relation qu'ont ces termes entre eux ». Elle serait plutôt, m'affectant d'une limite, ce qui m'invite à la transgresser. En la dureté de ses arêtes vives, elle me déporte vers « mon origine négative », en me rappelant que l'homme, par la différence, est toujours « en transition de soi à soi comme autre » (p. 117). Au lieu de penser des « choses », il nous faut donc les fluidifier en mouvement. D'où le deuxième incipit : *Au commencement, le mouvement* ; non certes pour condamner toute « déterminité » à une régression plus ou moins archaïque. L'essentiel, quel que soit, dans l'ordre humain, le domaine de prédilection (musique ou sport, philosophie ou poésie), c'est que les « déterminations » assurent la fermeté du mouvement, et qu'elles permettent la création d'un univers, pas seulement des principes ou catégories, mais aussi de nous-mêmes, « tels que nous sommes et tel qu'il est » (p. 123).

La différence accède ainsi à son statut d'altérité. Rassemblant tous ces éléments dans un terme, plusieurs fois prononcé, nous risquerons un troisième pas : *Au commencement, la relation.*

La liberté tient donc dans le mouvement grâce auquel « l'altérité de différence est vécue comme altérité de relation » (p. 127) et, par la relation, comme tâche de totalisation ; c'est-à-dire de raison ou de dialectique ; une logique de l'expérience est celle d'une liberté qui peut et doit organiser son univers.

4. La constitution générale du discours met en œuvre ces divers éléments, qui sont moins des matériaux que des mobiles, comme ceux de Calder en perpétuel transit. Le vivre et le dire, le dit et le vécu, dans un tel contexte, qui récuse l'inertie, ne sont, en

conséquence, qu'en et par le devenir de leur inéluctable réciprocité. De même, les niveaux que l'on distingue et ordonne sont plutôt des phases que des étages. Ils n'existent et ne prennent sens que dans la perpétuelle circulation (ou *circumincession*) qui les unit. Dès lors, si l'on distingue — car il faut bien distinguer — sur le plan du vivre et du vécu : sentiment, conscience, désir de l'autre, dans une corrélation bi-univoque qui les associe, en indissoluble connexion, à leurs corrélatifs symétriques de la parole, du langage et du discours, il importe surtout de ne point les solidifier dans la raideur d'un classement ou d'un arbre de Porphyre. L'allure ternaire de la distribution risque, il est vrai, de suggérer l'accusation d'artificialisme ; ou de réduire un très bel effort d'analyse aux dimensions d'un schématisme, alors que, et l'auteur y insiste, tout schématisme, pour être opératoire, doit donner à penser des transitions, des interdépendances, quitte à le réviser ou, le cas échéant, à le falsifier (cf. p. 183). La médiation schématisante ne nous introduit pas dans un palais de cristal où faute d'ombre on mourrait d'insolation. Elle nous aide à suivre, en leur réversibilité, les jeux de relation, dont la complexité s'accommode mal d'un simplisme de paresse. Car, une fois encore, il s'agit d'expérience, et d'une logique de l'expérience, qui concerne l'homme et sa liberté en transit vers le « soi » qu'il doit être.

Or lorsqu'on parle de logique (les logiciens n'acceptent que la logique dite formelle, la dialectique n'étant pour beaucoup d'entre eux qu'une pathologie de l'intellect), on songe aussitôt à des abstractions totalement étrangères à l'histoire qui se fait, la seule qui intéresse notre devenir humain. Il est clair que la logique, dont il est ici question, ne favorise guère la schizoïdie. Elle est uniquement « l'art de conjoindre les deux pôles de l'expérience que sont le vécu et le dit » aux multiples niveaux de leur rencontre. Au fond, sans être une anthropologie, elle ne parle que de l'homme, de l'homme en son devenir-homme sur les différents plans qui le constituent individu du sentiment et de la parole, sujet de conscience et de langage, homme d'expérience unissant le discours au désir de l'autre (cf. p. 182 et 200 sq.). L'universel dont on parle doit dès lors assurer « la transition

du particulier vers le singulier », la singularité humaine ne
pouvant advenir en sa profondeur que par cette transition. Telle
est la condition humaine : une particularité réduite à ses fron-
tières manquerait sa vocation d'homme. En ce sens l'universel,
qui inspire à beaucoup une terreur de mort, est la condition
sine qua non, fût-elle mortifiante, qui rend possible une plénitude de vie. Or « le logique » ainsi compris ne saurait se passer
de ce qu'il faut bien appeler « le catégoriel ». Que serait une
attitude pure de toute détermination ? Sombrant dans l'indéter-
miné, elle s'évanouirait dans la flexibilité indéfinie du roseau
qui flotte à tout vent. Disons, pour être bref, que la « catégorie » représente un indispensable principe de détermination, indissociable d'une liberté en exercice. Puisque la visée et l'exigence
de l'universel sont incontournables, il doit donc y avoir de l'universel en ce que nous nommons « catégorie ». Nous aurons ainsi
un « catégorial fondamental », doté d'une signification universelle (qui n'est pas sans affinité avec ce que Chomsky appelait
« les marqueurs sémantiques » présents en toute langue). Tels
seraient, par exemple, « au plan conceptuel, le couple négation/
position » en son indéterminité formelle, et son répondant symbolique le couple mort/vie, qui se retrouve en toute culture ; ainsi
enfin des dualités cosmologiques (par exemple lumière/ténèbres),
anthropologiques (femme/homme), ou religieuses (sacré/profane).
Chacun de ces modes est susceptible de se complexifier ou de
se particulariser en des couples plus spécifiés (par exemple, en
philosophie, les couples contingence et absolu, infini-fini,
nécessité-liberté), sans oublier ceux que nous offrent les théories
esthétiques ou les théories scientifiques, qu'il s'agisse de sciences
de la nature ou de sciences de l'homme. Dans l'ordre de ce
que nomme le terme « catégorie », nous distinguerons en conséquence deux niveaux qui s'ordonnent en juste hiérarchie. Nous
les désignons par les appellations respectives de « catégorial »
et de « catégoriel ».

Nous pouvons risquer, pour achever notre épure du discours,
une dernière schématisation. A l'origine, car elle décide de tout,
nous poserons l'expérience comme liberté ou universel absolu ;
ce que Labarrière appelle « le symbolisant ». Origine et sens

de tout ce qui procède de lui, élément neutre dirais-je volontiers, mais présent, en tous les niveaux et déterminations de l'expérience, au titre de « principe », cet universel premier transcende toute catégorie et « catégorialisation ». Je préfère le dire tout simplement « transcatégorial ». Tel est ce geste — ou attitude — qu'il faut nécessairement présupposer pour que quelque chose advienne, se passe ou devienne. A l'autre extrême, nous situons l'histoire qui s'écrit dans les aventures de la science, de la politique, de la théologie, de la philosophie et de la poésie. Entre les deux, jouant le rôle d'un *Metaxu*, l'espace logique qui les médiatise, et que régissent le catégorial et le catégoriel, selon les dualités que nous avons mentionnées et que particularisent les systèmes et théories.

5. Cette esquisse, si riche cependant, n'a dessiné qu'un cadre vide, une « schématisation ». Resterait à montrer comment, dans le concret, s'organise un « procès de liberté » à chacun des niveaux que nous avions distingués. Pour dissiper toute équivoque, je précise que le « concret » en question est encore loin du « pratico-pratique », je veux dire de l'exercice d'une liberté dans la singularité opérante, individuelle ou sociale, d'une histoire effective. Les analyses doivent donc s'en tenir à l'essentiel. Elles tentent de ressaisir la régulation interne, l'économie logique de ces niveaux, tant en leur originalité respective qu'en la synergie concertante de leurs différences qui intègrent l'expérience en sa totalité. Pour fixer l'attention, je prendrai en exemple le premier niveau, celui de l'individu, en tant que parole et sentiment. On pourrait croire qu'à ce stade, qui définit une certaine immédiateté, et qui est sous le signe de l'adhésion, nous n'avons à faire qu'à la « plénitude charnelle du qualitatif » (pour reprendre une expression bien connue). Or les choses sont moins simples. Du côté de la parole, en sa fonction désignative, il convient de déterminer le rôle qu'y jouent le nom, le verbe, les prédicats (distingués des simples attributs). Toute une sémiotique est ici engagée qui fait droit à la dimension du concept et, sur le plan du sentiment, à l'émergence corrélative du pronom indéfini « on », entre le « Je » désignatif et le « tu » symbolique qui lui répond.

Une organisation analogue, mais sous le signe de la distance, met en œuvre une sémantique de la phrase-jugement et de la conscience ; sémantique attentive à l'opposition d'intentionnalité mais aussi bien à l'interrelation. Au troisième niveau, celui de l'homme d'expérience, le discours et le désir de l'autre s'explicitent dans une herméneutique qui, lorsqu'elle désigne la totalité du processus, rejoint ce que voulut nommer jadis le terme « phénoménologie ». Le « je » comme autre, au premier moment d'une histoire que qualifie l'épithète de narrative, signifie, dans l'accueil de tout événement comme « avènement de lui-même et du monde », une première distanciation, que le moment logique approfondit. Car pour obéir à l'impératif d'une « poïétique » : « Deviens ce que tu es », il semble qu'il faille traverser « l'irréalité réalisante de la mort » (p. 336). En d'autres termes : « l'essentielle altération du Soi est ce qui produit le Soi comme identique à soi ». Non certes sous la forme d'une nouvelle figure adjointe aux autres, mais comme « l'origine et le terme unitaires de toutes les figures ». Cette origine, nous l'avons déjà pressentie lorsque nous parlions de la liberté comme « universalité d'attitude et de geste fondateur ». Geste et attitude visent ici « l'insaisissable rien-originant » qui est « le lieu sans forme du surgissement de toutes les formes ». Serait-ce donc, par delà toute forme, et sous les espèces « d'une mort à tout principe fixe », ce « *nihil originaire* » que certains ont posé comme « fondement de toute catégorisation » pour y lire l'ombre de l'absolu ? Pour se prononcer, il faudrait élaborer une logique particulière, celle que propose l'ouvrage *Dieu aujourd'hui*. Le *Discours de l'Altérité*, quant à lui, vise une logique plus fondamentale. Dans cette perspective, il ne peut y avoir, au commencement, « que la liberté comme puissance relationnante et comme tâche infinie de totalisation » (pp . 337-338). Mais comment serait-elle adéquate à sa tâche, si cette « altérité originante » de création n'appelait de soi, « dans l'effacement radical du Je, sa résurgence en positivité plurielle » ? (p. 338). C'est ici qu'affleure au sommet de ce discours la multiplicité des autruis (*ibid.*). Avouerai-je que ce dernier moment de la constitution du discours me laisse quelque peu insatisfait ? Le lexique utilisé dans ces pages me renvoie à mes plus obsédantes réminiscences. Le « nihil originaire » peut avoir de multiples expressions. Pour ne rien dire du néoplatonisme et de ses prolongements médiévaux ou plus modernes, on sait que S. Thomas, commentant Aristote, faisait de l'« âme humaine » un « néant de toute nature », justement pour que, n'étant rien, elle « puisse devenir tout ». C'est ce lien entre le « rien » et le « tout », entre ce « Nada » et ce « Todo », que Labarrière, me semble-t-il, envisage ; et ce, tant dans la dimension d'un *tout du monde* que du *tout des autruis*. Car l'âme ne peut s'accomplir, en tant que tâche de totalisation, que par cette double connexion. J'aurais aimé que ce *nexus* fût plus clairement explicité.

Je résume, en simplifiant à outrance, un développement difficile que seule une lecture répétée permet de saisir en sa complexité. Le travail de l'auteur requiert manifestement une étroite collaboration de son lecteur. Le mérite d'un ouvrage de ce genre n'est-il pas justement de ne pouvoir subsister que dans l'effectivité d'une collaboration, qui achève le « dit » dans un « dire » élargi en « unité plurielle » ?

★
★ ★

Au terme de ce parcours, il est normal de se poser quelques questions.

La première concerne l'ouvrage lui-même comme totalité et comme moment privilégié dans une réflexion de longue haleine. Prenant en compte certaines indications de son auteur, je dirai volontiers : ce texte est la conclusion d'un quasi-argument onto-logique. Au départ, une idée de la raison qui enchante une jeune pensée. Parce qu'elle méritait d'être, elle devait être. Le devoir-être inclinant à un devoir-faire qui se donnait ses propres conditions de possibilité, le livre existe par une nécessité intérieure qui coïncide avec un geste de liberté. Je ne serais pas étonné qu'il y ait eu aussi la part du jeu, ce jeu qu'évoquent ses dernières pages sous les deux aspects d'une mobilité, d'une fluidité qui donne à l'univers je ne sais quoi de dansant, de libre, d'insurveillé ; mais aussi d'un risque qu'on assume, d'une réponse dont on prend la joyeuse responsabilité. *Respondeo dicendum*. Et de cela j'avoue que je suis heureux.

Si l'on considère maintenant l'ensemble d'une œuvre, le *Discours de l'Altérité* me paraît en expliciter la logique interne, qui sous-tend toutes ses manifestations, qu'il s'agisse de traduction, d'exégèse de textes philosophiques, ou d'essais d'intention plus nettement théologique. L'unité plurielle de ces tavaux se réfléchit ici dans ce qu'on pourrait appeler son fondement.

Ce ne sont pas, d'évidence, les seules ni les plus importantes questions. Au fil de mon exposé, j'ai signalé ce qui pouvait susciter une interrogation : distinction du catégorial et du catégoriel ; systématique du discours ; système et liberté ; énigme d'un geste fondateur, nécessairement présupposé et transcatégorial, sans rejoindre pour autant une « théologie négative » de stricte obédience.

Je n'établis pas une liste pour fixer l'ordre d'une discussion, ou la hiérarchie des urgences. J'ajouterai simplement qu'on peut appliquer à un ouvrage de ce genre ce que Labarrière affirme du schématisme et de ses conditions de validité : motricité, primat des mouvements, de l'entre-deux, sur les déterminations ; capacité de produire durablement un sens ; communicabilité ; sans oublier, bien entendu, ce qui l'expose, de manière permanente, à l'éventualité du falsifiable et de la révision.

Pour ma part, et en raison d'affinités discutables, je serai tenté d'exprimer un regret. Pierre-Jean Labarrière n'est guère tendre pour les pensées « aux limites », ou pour cette magie des extrêmes qui fascineraient nos contemporains. D'une part, « exaltation sans mesure d'un ordre unitaire immédiat, quel que soit le principe » de ses réductions : race, classe, idéologie, religion. D'autre part, « exaltation d'un pluralisme figé qui n'est qu'une autre forme du monisme, un monisme multiplié » —

à l'image, ajouterai-je, de cet atomisme qui projetait en des unités sans portes ni fenêtres la rigidité de l'un « parménidien ». L'évidente proximité de ces contraires autorise le verdict sans indulgence : « système bloqué ou système fou : la même absence de liberté » (pp. 350-351).

Tels seraient « les termes de l'unique question à laquelle se trouve affronté notre temps, tels les deux écueils entre lesquels il se trouve balloté » (*ibid.*). Je n'ergoterai pas sur cette analyse de situation. Mais j'aurais aimé, dans le prolongement des « réflexions sur la violence » (cf. p. 87 sq.), une étude plus poussée de la possibilité « extrémale » en philosophie. En guise de conclusion, plus ou moins « apéritive », je proposerai à ce sujet, une rapide esquisse.

III

Ce faisant, je ne fausse pas compagnie à Pierre-Jean Labarrière. Je poursuis mon chemin dans une libre méditation des éléments de notre ternaire. Mais je m'aiderai de tout ce que m'a ouvert le *Discours de l'Altérité*. J'en retiendrai, parce que c'est l'essentiel, la nécessité de « chasser partout l'inertie » ; de penser des mouvements et des opérations qui tissent des liens. Je songe à des espaces qui n'ont rien d'un « récipient », logique ou physique. Je serais enclin à reprendre le langage, quelque peu mythologique, des « puissances ». Car, s'il est vrai que « l'expérience comme liberté » est ce qu'on a dit, c'est-à-dire « attitude » au sens de « geste fondateur », il convient que « différence, altérité, relation » se ressentent de ce dynamisme originel. C'est pourquoi, en m'excusant de l'allure grammaticale de ces préliminaires, je suggère de sous-entendre sous chacun de ces substantifs le verbe qui les anime. Nous aurions ainsi, toujours dans la perspective du Discours, et pour chacun des éléments, une sorte de ternaire lexical :

Référer	Différer	« Altérer »
Relation	Différence	Altérité
Relatif	Différent	Autre (et autrui)

Simples conventions, je le reconnais, mais qui ne sont pas totalement innocentes. Elles nous invitent à lire sous les mots, moins les « choses » toutes faites, que l'énergie du mouvement qui les pose sans s'y épuiser. On dirait alors, pour ne prendre que ce cas facilement transposable, que le « référer » comme puissance ouvre l'espace d'une relation qu'il peuple de ses relatifs.

Peut-être est-ce « cela » que l'on voulait dire, lorsque, en un langage de priorité, on affirmait jadis que la relation « précède ses termes » ; ou encore, dans un tout autre contexte, « que la lutte des classes fait être les classes » qu'elle semble présupposer.

Je ne vois pas d'inconvénient, cependant, à parler de « choses » à propos de la relation, de la différence et de l'altérité, mais à la condition d'y voir la possibilité permanente de multiples perspectives, comme le suggéraient certaines analyses de phénoménologie. Nos « éléments » deviennent ainsi autant de « points » par lesquels on peut faire passer nombre de lignes directrices. A chacune de ces lignes correspondrait une attitude qui, par un axiome du choix prélève sur la virtualité du point une orientation que fixerait une nomenclature catégoriale. Je m'autorise de ces prolégomènes pour « raconter », à ma manière, une expérience de pensée qui fait droit à l'une ou l'autre de ces possibilités.

Je partirai de la relation, qui se prête plus facilement peut-être à ce genre d'opération. Tout en maintenant les distinctions que je proposais entre « référer », « relation », « relatif », — distinctions qui, même accordées, laissent une marge aux différences d'accent —, je crois possible d'y déceler des déplacements significatifs.

1. Déjà, au Moyen Age, une distinction, courante parmi les théologiens que préoccupait la cohérence du dogme trinitaire, opposait dans la *relatio*, et ce par l'astuce d'un langage prépositionnel, deux aspects ou deux moments inséparables du reste : l'*in* et l'*ad* ; traduisons lourdement par « être-dans » et « être-vers ». S. Thomas précisait que l'originalité de la relation se définit par le « vers » et non par le « dans », même si le point d'ancrage ou le « sujet » (ce qu'il nommait « le relatif ») était

indispensable à sa « réalité ». Sans le dire, il y discernait les deux moments d'une *thesis*, nous dirions d'une « prise de terre » en un substrat qui serait aussi bien fondement, et d'une *arsis* qui serait la flèche de « l'être-vers », comme nous distinguons dans la marche l'appui sur le sol et le mouvement complémentaire d'élévation.

2. Nous sommes moins familiers aujourd'hui avec ces analyses plus ou moins subtiles. On en perçoit encore l'écho dans une remarque de logicien, qui tient à dire « relation de A *vers* B et non relation *entre* A et B » pour souligner que le sens importe avant tout, et que la relation change lorsqu'en change le sens[3]. J'ai aimé dans les notations logiques de jadis le « fléchage » des termes du rapport, qui remémorait l'antique formule : la relation consiste dans un transit (*relatio in quodam transitu consistit*). L'être-entre, ou « l'intérité » de Couturat, serait plutôt un type parmi d'autres de rapport, qui, du reste, ne vaut pas seulement en géométrie.

Il est clair qu'on ne nie pas pour autant le lien qui unit les coordonnées. Mais vu que le lien n'abolit pas la distance, on a le droit de privilégier, selon les cas et les attitudes, soit l'unité soit l'écart ou le mouvement exodique.

L'attention à l'unité est elle-même passible de multiples versions. Il ne serait point artificiel, sans oublier les appellations traditionnelles (relation d'équivalence, relations d'ordre), de mettre à part, en raison de leur importance philosophique, deux tournures de pensée qui se distinguent radicalement par leur souci respectif : l'une préoccupée de médiation, l'autre obsédée par l'unité sans fissure de l'identique.

Si bien que, risquant une typologie sommaire, et pour « honorer » le droit à la pluralité des exégèses ou des lectures, je schématiserai les positions par une ligne où, entre les extrêmes de l'identité pure et de l'écart centrifuge de l'« être-vers », se situerait « l'unité plurielle » du rapport de médiation.

Je crains toujours que ces distinctions n'apparaissent, par leur aspect de spéculation gratuite, comme des jeux de salon ou

---

[6] La précision est de R. Polle, *La Mathématique moderne*, Paris 1970, p. 58.

des passe-temps de distraction. On aurait tort, cependant, de s'en tenir à ces jugements sommaires qui, à la limite, condamneraient toute réflexion philosophique. Ces subtilités sont moins gratuites qu'on ne pense. A l'intérieur de l'Hexagone, dans un passé qui n'est pas immémorial, elles traduisaient des attitudes, des formes de pensée, qui ne sont pas périmées. Au beau temps de la phénoménologie husserlienne, la découverte de l'intentionnalité, de « l'être-vers », équivalait pour certains à une véritable libération, ou si l'on préfère, à un besoin de « dépaysement », hors de l'identité et de la médiation ; dépaysement qui se disait alors dans le langage de l'« extatique » (orthographe de rigueur « ek-stase »). L'identité n'était que le terme extrême d'un mouvement d'assimilation ; tandis que la médiation, telle que la concevait l'auteur des *Eléments principaux de la Représentation*, suggérait une sorte d'équilibre entre structure et mouvement.

3. Essayons maintenant de penser en sa force centrifuge ce que j'appelais « l'être-vers » de la relation. Le mouvement, que nous ne pouvons pas ne pas imaginer en le concevant, peut s'interpréter de deux manières : ou bien, en dépit de son impatience exodique, le terme qu'il mobilise est retenu dans l'unité du rapport, dans l'entre-deux de sa sphère d'« attraction » (cf. le substantif allemand *Beziehung*) ; ou bien, passant à la limite, il s'en exile et pour ainsi dire s'en exorbite. Dans le premier cas, nous aurons affaire à la différence ; dans le second cas, à l'altérité pure.

L'essentiel, dans cette réflexion, n'est pas le vocabulaire qu'on utilise, mais les opérations d'analyse qu'on lui fait porter. Pour ma part, je reste fidèle, en un recoin de mon âme médiévale, au lexique dont j'ai hérité, tout en reconnaissant que nous serions, les uns et les autres, fort embarrassés si l'on nous demandait en vertu de quelle procédure nous disons que ceci est distinct de cela. La *distinction*, en son sens jadis le plus obvie, affecte x et y en tant qu'individus en leur singularité que l'on réputait jadis indicible (on ne pourrait la dire qu'au terme d'une analyse infinie). Mais ils ne sont distincts qu'à l'intérieur d'une unité qui les englobe : unité de première instance, de quelque nom qu'on la désigne (famille, tribu, race, etc.). Lorsque l'écart se creuse, et que l'air de familiarité s'atténue, on parlera de *différences*, que nos anciens qualifiaient de spécifiques. Mais tout écart qualitatif, à quelque niveau qu'il se situe, est aussitôt racheté par un englobant qui l'inscrit dans une unité de type supérieur. Et ainsi de suite jusqu'à un contenant qui serait en quelque sorte le « continent » absolu, au-delà duquel on ne saurait procéder, et qui n'est pas sans rappeler le paradoxe de l'ensemble de tous les ensembles[6]. Peu importe ici le détail, autrefois bien connu, de cet arbre du monde, de facture « porphyrienne ». Ce qu'on en doit retenir c'est ceci :

— la suite ordonnée des écarts ou des différences est toujours retenue par un « être-ensemble », statique ou dynamique, dont l'extension est liée à l'énergie, plus ou moins forte, de sa « compréhension » ;

— mais, en deçà de cet énoncé, se fait jour un postulat d'intelligibilité que l'on peut exprimer de deux manières :

a) « le plural en tant que plural, qu'il soit de distinction ou de différence, ne saurait être pensé »[7] ;

b) « toute pluralité participe de quelque manière à l'un »[8].

Si de surcroît on envisage le cas où la récupération des différences par un genre commun n'est plus pensable, on parlera

---

[6] Il est vrai que la tradition d'origine aristotélicienne refuse de faire de l'être un genre suprême. Il n'en reste pas moins que la pensée de l'être opère une réduction à l'un, c'est-à-dire à l'être en tant qu'il serait « ce qu'il y a de plus connu », « auquel l'intellect résout toutes ses conceptions » (cf. *De Veritate*, q. 1, a.1).

[7] La formule est de s. Thomas. Mais je n'ai plus retrouvé le passage. Autant que je puisse me fier à ma mémoire, le texte latin portait *«plura ut plura non possunt cogitari, sed plura per modum unius »*. On peut se demander si, pour formuler cette impossibilité, il n'est pas nécessaire de la penser.

[8] Tel est, comme on sait, le premier théorème des *Eléments de théologie* de Proclus. Je me permets de renvoyer sur ce point à mon article « Le Théorème de l'un dans les *Eléments de théologie* de Proclus », *Revue des Sciences philosophiques et théologiques*, 1974, T. 58, pp. 561-583.

non plus de différents ou de différence mais de *divers* et de *diversité*[9].

4. Toutefois une relation est encore concevable entre les *divers*, bien que cette relation ne joue plus dans le cadre d'une hiérarchie des englobants conceptuels. Il est loisible d'aller plus loin et d'« imaginer » une situation où tout lien serait aboli. C'est cet état de relâchement extrême que suggèrent les expressions de *dispersion pure* ou de *pure altérité*. Il est vrai qu'une expression similaire, « le tout Autre », a eu cours, dans le monde religieux en particulier, mais ce que l'on vise ici ne tolère un rapprochement qu'au risque d'une confusion[10]. Je préfère, en conséquence, éviter toute liaison dangereuse, et réfléchir librement sur deux précédents mémorables : le premier est considéré par Plotin, le second cherche sa formule dans le *Parménide* de Platon.

L'*Ennéade II* est consacrée aux « deux matières », l'une intelligible, l'autre sensible. On y retrouve le même style d'interrogation : la matière est-elle, qu'est-elle, comment est-elle, d'où vient-elle ? A propos de la matière sensible, au terme d'une longue analyse qui procède par voie négative, Plotin retient, pour dire ce qu'elle est, la relation. « Elle est, dit-il, plutôt dans un rapport aux autres choses, car elle est autre qu'elles ».

---

[9] S. Thomas propose cette distinction entre le « différent » et le « divers », dans une réponse à une curieuse objection, selon laquelle Dieu et la matière première sont identiques puisque, étant simples, ils ne sauraient être composés d'un genre et d'une différence. « A proprement parler, précise s. Thomas, ils ne diffèrent pas, mais ils sont divers » (*non proprie dicuntur differre, sed diversa esse*). S.T. I q.2, a.8 ad 3.

[10] Je concède, cependant, que Maurice Blanchot utilise l'expression, mais dans un « tout autre » contexte, cf. *Le Livre à venir*, Paris 1959, p. 254 : « Nous disons Proust, mais nous sentons bien que c'est le tout autre qui écrit, non pas seulement quelqu'un d'autre, mais l'exigence même d'écrire, une exigence qui se sert du nom de Proust, mais n'exprime pas Proust, qui ne l'exprime qu'en le désappropriant, en le rendant Autre » (la majuscule est de Blanchot). C'est dans cet ouvrage que j'ai rencontré pour la première fois le dit mallarméen « l'espace s'espace et se dissémine » p. 286). J'ai risqué un commentaire de ces pages dans une étude sur « Théologie, poésie, athéologie », *Foi et Raison logique*, Le Seuil, Paris 1971, p. 221-265.

Les « autres choses », il est vrai, ne sont pas seulement « autres ». Elles ont en outre, chacune, une forme, un *logos* ; de la matière on dirait sans plus qu'elle est *autre* (au neutre singulier)[11]. Mais le philosophe corrige aussitôt son audace : le singulier est trop déterminant. Seul le pluriel peut dire l'indétermination de la *hylè*. D'où une formule bâtarde qui lie dans un solécisme le singulier et le pluriel : *to alla*, « *le autres* » (au pluriel), pour insinuer que la difficulté d'être a pour corrélatif la difficulté de dire une inconsistance qui, en dépit du correctif de relation, s'abîme ou semble s'abîmer dans un inconcevable pluriel de dissémination (cf. *Ennéade II*, 13, 26-30).

5. Ces textes font écho à l'hypothèse, plus radicale encore, du *Parménide*, où l'on affronte le problème du statut des « autres » (*ta alla*) en leur pure altérité. Comment seront-ils autres, supposé que l'*un* ne soit pas ? Faute de ce lien d'unité, ils sont voués à la pluralité ; à supposer que l'on dise « chacun d'eux », le terme « chacun » est à son tour privé de sens, puisque dénué de l'unité minimale qui permettrait de les traiter en « singuliers ». On dira donc, dans une formule analogue au *to alla* plotinien, que leur masse informe est « pluralité indéfinie » (164 c-d) ; une pluralité qui n'en finit pas de se briser et de s'émietter dès que la pensée cherche à le saisir comme étant (165 b) ; tel(s) un rêve de nuit qui, au regard qui tente de le fixer, s'évanouit en pulvérulence (164 d) ; ou encore ce tableau qui de loin paraît « former un tout » mais qui, lorsqu'on s'approche, se délite en pure dispersion (165 d). Si bien que le « plusieurs », délié de l'un, ment à son nom, et que les autres, finalement, n'étant ni un ni plusieurs, s'effondrent dans le rien (165 e-166 a et b).

6. Cette vision de l'altérité pure conclut-elle au nihilisme ? L'exercice parménidien, à secouer ainsi les colonnes du langage, que l'on suppose d'essence héno-ontologique, nous inviterait-il à un facile scepticisme, au vu et au su des antinomies qui en affectent les éléments les plus nécessaires, les plus universels,

---

[11] On pourrait traduire « *le ça autre* ». Mais je crois inutile d'accentuer la perturbation du langage que manifeste l'embarras de Plotin.

les plus essentiels ? Car l'*un en soi* est logé à la même enseigne : tour à tour on n'en peut rien dire ou en dire tout et n'importe quoi. Tourment de l'esprit qui devient son propre bourreau ou bien simple jeu ? Mais quelle serait la signification humaine de ce jeu, si gratuit qu'on le suppose ? La recherche de la pureté absolue aboutirait-elle au vide absolu ?

Plutôt que de « dramatiser », je préfère achever mon discours sur quelques propositions qui puissent relancer une discussion.

— Les extrêmes qu'agite notre parole sous les espèces de l'un, dont le schème logique serait la relation d'identité, et de l'autre, dont le schème serait la *diaspora*[12] de pulvérulence, peuvent être « pensés », en leur absolu de séparation, comme des *hypostases*, ou bien comme des *vections*, des orientations qu'on ne saurait fixer en « objets de pensée » consistants.

Si l'on opte pour la première exégèse, on risque le durcissement dogmatique qu'une certaine tradition reprochait au *Parménide* des manuels, au risque d'oublier le sourire de Platon qui nous présente le vieil éléate déployant, non sans quelque artifice, les hypothèses qu'il se garde de transformer en positions. Parménide parle toujours au conditionnel : « Si... alors ». La particule d'implication devient en quelque sorte son nom propre « *Si* Parménide » ou « Parménide *si* ». La déduction intrépide des conséquences dénonce les apories inévitables qui menacent les fanatiques de l'en-soi de pureté.

---

[12] *Diaspora*, comme on sait, renvoie, en son acception historique, à un état de choses bien connu des historiens du judaïsme. Comme le note A. Paul, « Pour une approche du fait biblique », *Esprit* (Septembre 1982, p. 66-78), il convient de distinguer *condition de diaspora* qui ouvre l'avenir sur la promesse d'un nouvel univers, et *condition d'exil* qui comporte la nostalgie de la terre promise et la réminiscence douloureuse du temple détruit. Dans *l'Evangile de Jean* (11, 51-53), il est question des enfants de Dieu dispersés (*diaskorpisména*) que « rassemble (*sunagogein*) en un » la mort du Christ. On se gardera de confondre cette « dissémination », d'expression juive ou chrétienne, avec l'émiettement (*kermatizomenon*), sans référence à une quelconque unité, dont il est question dans le *Parménide*, et qu'on pourrait rapprocher à la rigueur du « retour à l'anorganique » selon la pulsion freudienne de mort.

Mais on peut avancer une autre interprétation, qui évite ces impasses, tout en reconnaissant dans les extrêmes que poursuit l'entendement une illusion nécessaire dont les « concepts-limites » sont l'humaine expression.

Cette utopie, si elle s'accompagne de son « épochè », pourrait être instructive. Peut-être nous indique-t-elle que notre discursivité de raison se meut entre les deux pôles d'impossibilité que représentent l'Un pur et l'Altérité pure. Le monde émergerait alors, comme de leur *ex nihilo*, de la distance qui les sépare et que nous aurions à convertir en espace de liberté. Une liberté qui assume son destin sous le double signe d'une création, dont nul ne nous peut dispenser, et de cette « mise à distance » que Labarrière nous rappelait à propos de la relation. En ce sens, nos abstractions d'altérité pure ou d'unité pure, en tant que pôles d'impossibilité, représentent cette pensée aux limites, ou ces extrémismes, qui ont peut-être leur place dans la vie de l'esprit, sans qu'il soit nécessaire d'être victimes d'une réification ou d'un entraînement de douteuse affectivité. En me livrant à une expérience de pensée, dont je balisais l'itinéraire, je n'ai voulu qu'apporter un complément au *Discours de l'Altérité*. Ma seule question, pour finir, serait celle-ci : quelle pourrait être, en dehors de toute explication génétique, de quelque ordre qu'elle soit, psychique ou socio-économique, le sens de l'impossible dans le fonctionnement de la pensée ?

QUESTIONS

Pierre Colin :

Je remercie vivement le Père Breton. Nous nous trouvons devant la situation suivante : un horaire impératif nous contraint à arrêter ce commencement d'échange dans dix minutes. A moins qu'il ne le souhaite impérativement, je ne donnerai donc pas la parole à Pierre-Jean Labarrière. Le souhaite-t-il impérativement ?

Pierre-Jean Labarrière :

Oui, je le souhaite. Le plus brièvement possible. Quelle épreuve ! Je ne m'attendais pas à cela... Je dirai amicalement à Stanislas Breton que j'ai eu l'impression d'un durcissement, et ce n'est jamais bien agréable. Repris dans un verbe haut, un certain nombre d'affirmations paraissent autres que ce que j'avais pensé d'elles ; mais c'est aussi l'épreuve qu'il me faut porter. Pourquoi pas ? En tout cas, ce qui me plaît ici, c'est que l'acte de penser — que chacun l'entende comme il peut — se trouve, et j'espère qu'on l'a vu, totalement délié de toute option partisane. Totalement, pour reprendre un mot employé tout à l'heure, hors d'un « contexte » qui, je le dis nettement, ne m'intéresse aucunement en philosophie. D'aucune façon. Je pense qu'on aura l'occasion de le dire ce soir : la philosophie n'a pas à se mesurer à quoi que ce soit ; elle n'est pas compromise dans des « contextes » ou des options, dans des fidélités qui n'importent pas à sa validité communicable comme telle. C'est la première chose que je voulais dire.

Il est évident que, insistant comme il l'a fait sur une certaine passion de l'unité, Breton a peut-être donné une coloration aux choses dans laquelle j'aurais du mal à me reconnaître. Car, et c'est la seconde chose que je voulais dire : pour moi, tout ce qui fut dit en la troisième et la quatrième partie de l'exposé de Francis Guibal forme, j'allais dire, le minimum vital hors duquel je pense que la pensée ne peut pas respirer. Autrement dit, je ne crois pas en un monde qui « se tienne » ; il n'y a pas de figures stables. Et si je rejette une pensée des extrêmes, c'est celle simplement qui s'enclôrait pour n'en plus ressortir, soit dans le dualisme sans nulle communication, dans le repli de la différence sur elle-même, soit dans une sorte de monisme récupérateur, tel que l'on en dénonce chez Hegel le dessein ou tout au moins la tentation. Pour moi, il n'y a pas de figure stable, et surtout pas aux extrêmes. Mais la pensée des extrêmes est absolument nécessaire au libre jeu de l'errance. Je voulais insister à nouveau sur ce point.

Ce qui m'intéresse, c'est l'idée de *fonctionnement* de cette errance sans origine ni terme ; c'est le déploiement d'un « discours » qui soit un « parcours » sans fin. Je dirais volontiers — et j'ai l'air de m'opposer à une formule que j'aime bien de notre ami Jean-François Lyotard, mais c'est dans un tout autre sens que je l'utilise — : pour moi, la philosophie veut dire qu'« il n'y a pas d'il y a » ; ce qui veut dire que jamais le sens n'est donné sous une figure qui pourrait se prétendre comme achevée. Si Hegel avait voulu nous dire cela par son « savoir absolu », il faudrait le brûler et ne plus nous intéresser à lui. Mais c'est là une autre question.

Ma conviction, c'est que la différence n'est confessable comme telle qu'en régime humain ; ce qui veut dire : posée ou reconnue comme telle. Mais ne peut être « posé » de la sorte que ce sur quoi je reconnais d'abord n'avoir aucune emprise. De ce point de vue, j'admets l'irrépressible nouveauté de ce qui m'advient, sans nulle possibilité de « reprise ». Si j'ai essayé d'« honorer » quelque chose, c'est le principe de l'errance : m'échappe totalement ce par quoi advient ce qui advient. Et la méditation que j'ai voulu engager se situerait autour de ce puits d'origine qui nous laisse totalement démunis lorsqu'il s'agit d'un discours de maîtrise : le fondement-abîme, le *Grund-Abgrund*. Oserais-je dire, reprenant le mot de Jacques Derrida que j'aime beaucoup : le « plus vieux » que nous en nous ; ce que Breton appelle le transcatégorial ; pour ma part, je l'ai signifié par sa fonction d'effectuation en parlant de l'« irréalité réalisante de la mort » ou en parlant du mouvement du « symbolisant ». Le point nul, l'immémorialité d'une existence qui n'a nulle prise sur soi et qui s'accueille dans le mouvement de son advenance. C'est de là que j'essaie de puiser ce que j'appelle une primarité de la relation, ce qui pour moi n'a aucune connotation réductionniste, mais au contraire met le fondement-abîme, l'indisponible et le tout-autre, au milieu de ce discours, je dis bien : au milieu, non à son origine ni à son terme. Car le commencement dont il est question ici n'est pas un commencement dont on parte : je l'appelle cet abîme central d'où procède ce qui procède. En sorte que cette primarité fondatrice de la relation est ce qui, de manière scandaleuse, de manière totalement inexprimable au discours clair, vise à honorer précisément d'un même mouvement la différence et l'effort de cohérence. Voilà ce que je voulais dire d'emblée, comme réaction à chaud, et sans pouvoir me donner maintenant le loisir de l'argumentation.

Pierre Colin :

Je crois qu'il faut se résigner à l'interruption qui s'impose avant de se mesurer aux enjeux très importants de la discussion que nous aurons tout à l'heure.

DÉBATS

Sous la présidence de François Marty

Une heure et demie pour notre débat. J'ai une tâche à la fois très simple — laisser parler le plus possible cette assemblée — et tout de même difficile, dans la mesure où nous aimerions profiter de ce temps pour ne pas échanger des propos qui en restent à la surface des choses. Je crois que ce qui nous a été dit à la fois par Francis Guibal et par Stanislas Breton nous met bien à ce niveau-là. Nous nous sommes assez rapidement trouvés devant cette tâche de la philosophie qui est une tâche infinie. Stanislas Breton rappelait que l'ouvrage de Pierre-Jean Labarrière honore véritablement une pareille tâche, et je crois que Francis Guibal nous mettait bien aussi, en parlant de Jacques Derrida, devant cette espèce de défi qui consiste à penser l'impossible lui-même. Les questions qui étaient reprises : faut-il calculer justement afin de dépasser tout calcul, la fascination pour l'absence et le vide, détresse et indécision. Je crois que nous sommes donc devant cette question.

Je ne sais pas comment engager le débat... J'aurais envie de proposer ceci : il n'est pas nécessaire, il s'en faut, de reprendre tout ce qui avait été proposé en premier déballage, mais il m'a semblé que, parmi les questions qui avaient émergé après l'exposé de Francis Guibal, l'une pourrait s'ordonner autour de la question de « l'éthique ». André Jacob avait formulé une question très directe à Jacques Derrida à propos de ce terme, que Francis Guibal avait utilisé à son propos dans son exposé.

Il y avait aussi une amorce d'échange entre Pierre-Jean Labarrière et Jacques Derrida, au moins sous la forme d'une prise de position du premier sur une thématique soulevée par Francis Guibal : celle de l'articulation entre altération et altérité. Pierre-Jean Labarrière soulignait combien il lui paraissait important de dépasser une situation de simple face à face, pour rendre compte de ce qu'il appelait une « errance joyeuse » ; et il préférait, image pour image, parler non pas de « face à face » mais de « compagnonage », compagnonage de route. J'ai envie de relancer d'abord ces deux questions.

Si Jacques Derrida avait envie tout de suite de dire quelque chose... ?

Jacques Derrida :

Les questions de l'éthique et de l'altération sont évidemment très fondamentales, mais d'autres avaient été posées aussi... Il semble qu'on ne puisse pas sortir d'ici ce soir sans avoir répondu à l'interpellation sur l'éthique. Je ne veux pas répondre à cette question, je vais, pour ruser un peu, y répondre sous la forme où André Jacob l'a posée.

Mon premier argument, même si toutes mes réticences à me servir de ce mot, « éthique », ne s'y réduisent pas, correspond à la demande de type heideggerien. Dans la *Lettre sur l'Humanisme,* Heidegger dit en substance : L'éthique, qu'est-ce que c'est ? — C'est une discipline assez tard venue, en somme, dans l'histoire de la philosophie ; elle est dérivée, elle est déterminée, et la question qui importe, la question de l'être, est naturellement plus originaire que la question de l'éthique ; et par conséquent faire dépendre la question philosophique, la question sur la philosophie, d'une question éthique, c'est ne pas s'interroger, d'abord, comme on devrait le faire sur l'origine de l'éthique et sur l'éthicité de l'éthique. A cette nécessité je suis très sensible. Ce n'est pas en signe de protestation contre la morale que je ne me sers pas du mot « éthique », mais ce mot est très chargé d'une histoire, d'une détermination historique ; il me semble qu'il faudrait commencer par en faire la généalogie avant de s'installer dans un discours éthique. Il y a un certain sens de la responsabilité à procéder ainsi ; et quand je parle de responsabilité, je ne la réduis pas justement à une dimension éthique ou morale, ou à des formes de responsabilité impliquant le sujet, la conscience, l'ego, la liberté, etc. Il y a même une responsabilité plus radicale devant des questions, au sujet de l'éthique par exemple, qui ne sont pas intrinsèquement éthiques. Voilà une responsabilité qui n'est pas d'abord éthique, et qui pourtant commande, prescrit, de façon peut-être encore plus impérieuse. Si je me servais facilement du mot « éthique », je craindrais de m'installer dans ce qui est constitué en région, une région dérivée de la question philosophique.

Alors, bien sûr, on peut déplacer le sens du mot « éthique ». Je crois que quand Lévinas parle d'éthique — je ne dirais pas que cela n'a plus rien à voir avec ce que ce mot a recouvert de la Grèce à la philosophie allemande du XIXe, l'éthique est tout autre ; mais c'est le même mot, en effet, et c'est des questions que je poserais à Lévinas : quelle est la légitimité de l'usage de mots qu'on soustrait à toutes ces déterminations historiques ? Je suppose que la réponse de Lévinas serait celle-ci : cette tranformation sémantique du mot « éthique » reconstitue ou restitue ce qui était la condition de possiblilité cachée, dissimulée en quelque sorte par la pensée grecque ou allemande, de l'éthique ; et de ce point de vue-là sa recontextualisation n'est pas arbitraire. A partir de cet argument-là, le mot « éthique » me gênerait beaucoup moins.

Pour ne pas en rester à cette logique tirée d'un argument de style heideggerien, j'ajouterais simplement ceci, puisque nous parlons de « l'autre » ici, que c'est notre thème aujourd'hui, si, traditionnellement, et s'il existe une unité de tradition à cet égard, s'il n'y a pas d'éthique sans loi, sans généralité, universalité de la loi, à ce moment-là le rapport à l'autre, à la singularité de la venue de l'autre en quelque sorte, me paraît excéder les limites de l'éthique. Je ne suis pas en train de défendre un rapport sans loi — à l'autre — mais disons je me réfère ainsi à tous les paradoxes de l'être devant la loi — je pense ici au texte de Kafka, à tous les paradoxes de l'être devant la loi ; je dirais que l'ouverture, ou l'attente, une certaine soumission, une certaine fidélité à la venue, chaque fois, de l'autre singulier, a une dimension qui ne peut pas se laisser convenir dans ce qu'on appelle le domaine de l'éthique. Je pourrais traduire cela en termes kierkegaardiens par exemple, ou dans un autre code. J'avais essayé d'ailleurs dans un séminaire sur le respect, au sens kantien, d'articuler ces paradoxes-là : le respect de la singularité ou de l'appel de l'autre ne peut pas appartenir simplement au domaine de l'éthique, au domaine conventionnellement, traditionnellement déterminé, de l'éthique. On pourra me dire, et j'accepterais très bien l'objection : l'éthique dont vous parlez n'est pas l'éthique, et c'est depuis une sorte d'ultra-éthique que vous suspectez en quelque sorte le concept courant d'éthique. Ce rapport à la singularité de l'autre peut

conduire évidemment à n'importe quoi... Et je vois bien le
risque qu'il y a, je ne dirais pas à surpasser la loi, je crois
que c'est impossible (et là, si nous en avions le temps, nous
pourrions relire ensemble ce texte de Kafka qui à mon avis
dit tout ce qu'il a à dire là-dessus), mais à subordonner la loi.
Ce que je dis là, je ne le dis pas contre la loi au sens éthique
du terme ; mais je plaiderais encore une fois pour une négociation, pour une stratégie, dans laquelle, tout en restant vigilant
sur la nécessité de l'éthique et de la loi, de la tradition, on
essaie — mais c'est quelquefois impossible, et je crois que c'est
cet impossible qu'il faut penser — d'en accorder l'axiomatique
en quelque sorte à l'autre, à la singularité irréductible de l'autre,
à ce qui ne peut pas entrer dans le calcul de l'éthique. Quelle
que soit la complexité des rapports entre éthique et droit, morale
et droit, par exemple chez Kant, il reste qu'avec l'une comme
avec l'autre on risque de réinscrire le rapport à l'autre dans
la généralité, voire dans le calcul. Et c'est par inquiétude devant
cette généralité-là que, sans rien avoir contre l'éthique, j'ai
quelque réticence à me servir facilement du mot.

Marie-Dominique Popelard :

C'est une question de méthode que j'ose poser, en luronne
que je suis. Nous avons la chance d'avoir Jacques Derrida et
Pierre-Jean Labarrière ce soir. Est-ce que nous devons continuer
à rester dans le même ou dans l'autre, ou bien est-ce que nous
ne devons pas essayer de trouver, ce qui nous intéresserait tous,
des médiations entre des positions qui pour une part n'ont pas
l'air d'être totalement similaires. Je proposerais volontiers un
point de départ : Jaques Derrida et Pierre-Jean Labarrière n'ont
pas la même conception de l'altérité, et en ceci ils sont d'accord...

Pierre-Jean Labarrière :

Pour répondre à ce que vient de dire Marie-Dominique
Popelard, je ne ressens aucune distance, personnellement, au
moins à niveau d'orientation fondamentale, entre la conception
de l'altérité qui est celle de Jacques Derrida et celle que j'essaye
d'élaborer lorsque je parle d'un certain « fonctionnement » des

choses : un discours-parcours. C'est pourquoi je tiens absolument à ce que l'on sorte d'une problématique qui consisterait à opposer deux perspectives, sans aucun bénéfice d'ailleurs pour l'acte de penser. Je préfère donc que chacun intervienne librement à partir des questions réelles qui se posent.

Par exemple la question de l'éthique. Je demanderai à Jacques Derrida, me situant dans l'entre-deux de la réticence qu'il vient de nous exprimer et de l'accueil positif qu'Emmanuel Lévinas fait de ce terme, si précisément cette dimension de l'éthique — car chez Emmanuel Lévinas, vous l'avez rappelé, il y a une subversion de son sens commun, et donc une sorte de lavage des ambiguïtés qui lui viennent de son inscription dans l'histoire — si donc cette dimension de l'éthique, la prise en compte d'autrui dans sa survenance toujours imprévisible, toujours immaîtrisable, ne signifie pas chez lui une prévalence radicale de l'autrui singulier sur quelque loi générale que ce soit ? En sorte que si l'on veut maintenir la dimension d'universalité à l'intérieur de la perspective éthique, il faudrait dire que la seule universalité qui soit c'est cet appel du singulier comme tel, dans son advenance à moi ?

Jacques Derrida :

Lévinas n'est pas un penseur de la singularité par opposition à la loi ou à l'universalité ; il affirme la loi dans ce qu'elle a d'universel, de rationnel même ; de ce point de vue-là, il a aussi un discours très grec, qu'il assume comme tel, parce sa pensée du visage, de l'autre, est une pensée de l'universel ; ce n'est pas la loi formelle au sens kantien, encore que les rapports à Kant soient très compliqués chez Lévinas. Il y a aussi un rapport de Lévinas à Kierkegaard. Il me paraît aussi décisif.

André Jacob :

Je voudrais ajouter que Lévinas lui-même m'a dit qu'il avait le sentiment d'opérer un renversement de priorité de la première à la deuxième maxime kantienne : en mettant la deuxième avant la première, il fait un pas à l'encontre de l'universalisme traditionnel, à la faveur d'une certaine méfiance à l'égard de l'universalité, au bénéfice de la priorité de l'autre comme fin en soi.

Un autre point m'intéresse particulièrement : le rapport à Kierkegaard ne vous rapproche-t-il pas tous les deux dans la perspective contemporaine, face à toutes les morales ? Mais vous avez employé un mot que j'emploie moi aussi volontiers — puisque, contrairement à ce que disait Pierre-Jean Labarrière, je ne suis pas un linguiste ; ayant passé vingt ans par le langage, je m'intéresse davantage maintenant à l'éthique et à ses implications anthropologiques qu'à la linguistique. Ma distance croissante à l'égard de Lévinas m'amène à qualifier sa perspective d'ultra-éthique, dans un sens distinct du vôtre parce qu'il implique un rapport à la bonté qui en fait du même coup une ultra-morale et vis-à-vis de laquelle je suppose que vous gardez une certaine distance.

Jacques Derrida :
Ah non, l'ultra-éthique, je suis pour.

André Jacob :
Oui, mais je ne crois pas que vous pourriez souscrire à tout ce qui justement, chez lui, à la fois représente une révolution importante dans le sens de l'altérité par rapport à la morale traditionnelle, mais sans rien perdre de ce qu'il y avait de meilleur dans la morale.

Jacques Derrida :
Je ne sais pas... Devant une pensée comme celle de Lévinas, je n'ai jamais d'objection. Je suis prêt à souscrire à tout ce qu'il dit. Ça ne veut pas dire que je pense la même chose de la même façon ; mais là les différences sont très difficiles à déterminer : que signifie dans ce cas-là la différence d'idiome, de langue, d'écriture ? J'ai essayé de poser un certain nombre de questions à Lévinas en le lisant, qu'il s'agisse de son rapport au logos grec, de sa stratégie, de sa pensée sur la féminité par exemple, mais ce qui se passe là n'est pas de l'ordre du désaccord ou de la distance.

André Jacob :
Il y a quand même chez lui le rapport à deux traditions qui sont fondamentales, et je pense que votre rapport n'est pas le même, ni dans un cas ni dans l'autre.

Jacques Derrida :
C'est peut-être vrai là aussi, mais la différence ne peut pas se traduire en différence de contenu ou de position philosophique. J'aurais du mal, surtout en improvisant, à dire quelle est cette différence ; elle doit être assez sensible, mais pourtant elle n'est pas situable. La double tradition dont vous parlez, comme beaucoup d'autres je la partage avec Lévinas, bien qu'il s'y soit engagé beaucoup plus profondément, en particulier, que moi ; néanmoins pour ce qui est, virtuellement et en principe, de l'héritage traditionnel, nous le partageons, même si Lévinas est engagé depuis plus longtemps et beaucoup plus profondément que moi. Donc, la différence non plus n'est pas là. Ce n'est pas le seul exemple, mais j'ai souvent du mal à situer ces écarts autrement que comme des différences de « signature », c'est-à-dire d'écriture, d'idiome, de manière de faire, d'histoire, d'inscriptions liées au bio-graphique, etc. Ce ne sont pas des différences philosophiques.

Pierre-Jean Labarrière :
Je voudrais dire un mot encore à ce propos. Je demeure interrogatif devant une distribution du paysage qui mettrait l'universel du côté d'une définition préliminaire, préalable, achevée, cohérente en elle-même, exprimable dans un ensemble de normes, face à quoi il y aurait la survenance de l'autre et de son visage, qui opérerait une rupture, une brèche, une mise à mal de cet univers, de cette construction cohérente, trop cohérente... L'affrontement, là encore, serait de l'ordre d'un « face à face » ou d'une « frontalité » qui condamnerait l'universel à n'être qu'un ensemble de pâles généralités, incapables évidemment de faire le poids avec l'urgence que représente toujours l'accueil de l'autre. Est-ce que l'universel, en éthique, n'est pas plus profondément perceptible dans cet accueil du singulier

comme singulier ? Face à quoi bien sûr ne tient — mais alors, précisément, je ne parlerai par d'« universel » — aucune *généralité* de loi qui voudrait s'imposer comme telle, j'allais dire dans son abstraction prime. Est-ce que ce n'est pas l'inter-relationalité, ou l'inter-relativité — une sorte d'improbabilité et de surprise structurelles, structurantes : l'accueil de l'autre — qui définit alors le plus universel ?

Jacques Derrida :

On ne peut pas opposer l'universalité de la loi à l'universalité de l'autre. S'il y a éthique, elle commande d'être attentif à la solidarité. De ce point de vue-là, aucune opposition n'est possible. Ce qui me laisse toujours plus réticent, je ne dis pas à l'égard de l'éthique elle-même, ou même du mot « éthique », mais de l'ensemble des concepts, des valeurs qui en général déterminent ou chargent le discours éthique, c'est ce qui, à ma connaissance, jusqu'ici — et même chez Lévinas — suppose des valeurs comme celles de la personne, du sujet, de la conscience, du moi, de l'autre comme « moi », comme un autre conscient, comme une âme ; c'est-à-dire un ensemble de philosophèmes sur lequel je pense qu'il faut garder la liberté de la question. Heidegger dit ainsi *Dasein* pour ne pas dire personne, sujet, conscience, moi... La contextualisation sémantique du discours éthique traditionnel, si on peut dire, est construite sur un ensemble de notions qui me paraissent susceptibles d'être dé-construites au sens le plus exigeant du terme. A ce moment-là, si « éthique » ne va pas sans tout cela, on peut très bien, sans rejeter l'éthique, sans rejeter la personne, le moi, la conscience, l'homme — puisque tout à l'heure on a parlé de l'humanité — quand on est à la hauteur de la question, au sujet de toutes ces choses-là, on ne va pas tenir de discours éthique. Ça ne veut pas dire que, d'autre part, on ne se conduise pas de façon éthique, on ne maintienne pas la nécessité de l'éthique, mais à hauteur de cette question-là, le discours éthique n'est pas tenable comme tel. Et même — voici de nouveau l'ultra-éthique — l'urgence ou l'impératif de ces questions de type déconstructeur peuvent être interprétés comme le devoir même, mais c'est un devoir qui commande de poser des questions au sujet de l'origine et des limites de l'éthique. Parce qu'on peut toujours vous demander : qu'est-ce qui vous commande de poser des questions déconstructrices ; d'où vient que cela vous vient ? Est-ce que ce n'est pas de l'éthique, cela ? Oui, mais si on appelle ça éthique, il faut au moins reconnaître que c'est un niveau d'éthicité qui n'est pas du tout le même que celui du discours éthique au sujet duquel on pose toutes les questions que je viens, très sommairement, naturellement, de situer.

Francis Jacques :
Au risque de sortir de la réflexion que vous engagez sur l'éthique, je voudrais revenir au thème principal de ce débat. Je crois qu'il ne faudrait pas majorer l'accord entre Jacques Derrida et Pierre-Jean Labarrière. Il serait paradoxal ce soir de passer sur les différences. Pour reprendre une expression plotinienne, en pensant à Stanislas Breton, je dirais que nous avons vu défiler et procéder divers termes qui appartiennent à une riche polysémie : celle de l'altérité. Il y a à l'écart, bien sûr, la matérialité indéclinable du signifiant. Quelles que soient la méconnaissance ou la négligence où les tient pour l'heure la sémantique anglo-saxonne, ils ne peuvent être éludés par la philosophie du langage. Mais il y a aussi la disparité des mondes théoriques, l'hétérogénéité des cultures, l'incommensurabilité des jeux de langage, entre lesquels on cherche une médiation argumentative sans toujours la trouver. Sur ce point, une polémique qui n'est pas médiocre oppose Rorty et Lyotard quand à la portée du différend. Il y a également l'altérité abrupte que constitue le surgissement d'autrui. Sur laquelle je serais sans doute plus réticent, car, d'un point de vue pragmatique, elle me semble immobiliser à l'excès le procès interlocutif sur le seul moment de l'interpellation. Il me semble que l'irruption de l'autre homme ne dresse pas une altérité absolue, sauf peut être dans le rapport religieux, dont il ne convient pas d'étendre directement le paradigme aux relations interpersonnelles. Et puis, à côté de cette altérité « pure », il y a encore l'altérité de médiation, comment faut-il dire..., que je salue chez Pierre-Jean Labarrière :

accueillir le singulier, tenter de le penser sans en supprimer l'altérité par le simple fait qu'on entre en rapport avec lui, un programme difficile qui tend à définir une véritable altérité de relation. Mais je voudrais transformer cette longue remarque en une question. Comment est-il possible que, vous appuyant de quelque manière tous deux sur Hegel, l'un de vous nous conduise, si j'en crois Francis Guibal, à l'oubli, à l'écart, à la « perte » à fonds perdu, j'ai envie d'ajouter une certaine ignorance voulue — à rebours de Valéry qui demande aux philosophes de faire une place à ce qu'ils ignorent et pas seulement à ce qu'ils savent. Je souhaite moi aussi qu'on réveille le philosophe quand il s'aliène dans l'économie du système. De son côté, en partant du dispositif hégélien, Pierre-Jean Labarrière nous conduit vers une liberté comme synergie des différences concertantes et comme puissance relationnante. Ce sont là deux lectures de Hegel. Elles accentuent des significations à première vue peu commensurables de l'altérité. Il me semble du même coup que vous comprenez diversement l'acte de philosopher. C'est pourquoi je vous invite à y revenir. Ma question est la suivante : comment en arrivez-vous à insister, l'un sur tel sens cardinal de l'altérité, l'autre sur telle acception particulière ? Récusez-vous mutuellement ce qui fait l'insistance de l'autre ? Ou bien avez-vous le sentiment de l'honorer néanmoins, à titre récessif, en lui réservant une place, en accueillant quelque chose du sens d'altérité ainsi promu, ne serait-ce qu'en le réinterprétant ?

Jacques Derrida :
Récessif, ça veut dire quoi ?

Francis Jacques :
Récessif, disons dérivé. Voici ce que j'entends par là : n'est-il pas possible que, dans une pensée plénière de l'altérité donc chacun aurait le souci, le sens souligné par l'un soit présent dans la pensée de l'autre, au moins à titre dérivé ou dérivable virtuellement ? Et cela sans éclectisme. Si oui, quel sens pourriez-vous accorder à une altérité de médiation qui soit aussi une

altérité de relation dans votre propre position du problème ? Ma question s'adresse aussi à Pierre-Jean Labarrière : que faites-vous de l'hétérogénéité conceptuelle ? Quel sens donnez-vous à la matérialité du signifiant ? L'idée d'altérité absolue a-t-elle un sens pour vous ? Les rejoignez-vous ou pourriez-vous les rejoindre dans votre cheminement propre, à quelque moment de votre ordre des raisons ? C'est là une manière de vous remettre ensemble, sans opposition majeure et, qui sait, peut-être selon une proximité immédiate.

Pierre-Jean Labarrière :

J'ai peut-être eu tort d'avouer, au début du *Discours de l'Altérité*, que, dans mon souvenir personnel, je me découvre passionné de tout temps par les questions de l'unité. C'est évidemment disqualifiant ! J'en ai une conscience seconde à l'entendre redire devant moi. Car j'ai beau dire après : « Au commencement, la différence », l'affaire n'est décidément plus crédible... J'ai peut-être eu tort. En tout cas, puisque Francis Jacques me demande ce qu'est pour moi l'acte de philosopher, je répondrai qu'il consiste à débusquer toute certitude, toute « vérité » — qu'elle soit formulation, geste ou décision — qui pourrait être ancrée en quoi que ce soit de fixe, de figé. C'est pourquoi me parle tellement le thème de l'errance, — passion négative, refus de tous royaumes dont la marque serait la présence et le plein. Si, tout en sachant le caractère anachronique de ce terme, qui m'expose lui aussi à une mécompréhension de principe, j'ai fait choix du terme de « relation » pour exprimer l'origine imprescriptible de toute aventure d'esprit et de toute quête du vrai, c'est parce que j'ai cru que, malgré tout, il pouvait dire, avec la plus grande économie de moyens, l'articulation entre une altérité irrépressible et l'effort qu'il nous faut consentir pour dire et faire le sens de cette altérité, c'est-à-dire pour l'épouser dans le mouvement de son advenir. Et pareillement pour me saisir moi-même, dans le mouvement de mon advenir à moi, par l'accueil de cette altérité irrépressible. Je crois « honorer », pour reprendre le mot que Breton a décelé tant de fois chez moi, je crois honorer l'altérité irrépressible, mais je refuse de la mettre au point de départ ou au terme d'un discours, comme une impossibilité de principe ou un échec final, et j'essaie de l'accueillir au centre parlant de ce discours.

C'est aussi pourquoi, avec d'autres, et en particulier dans les travaux de Gwendoline Jarczyk et moi-même menons de concert, je m'intéresse à la Logique de l'Essence chez Hegel : c'est là que l'on voit comment déconstruire plénièrement l'immédiat premier, pour en venir à ce que j'ai appelé tout à l'heure le « puits » de l'origine, totalement insondable, négation de la négation, accueil en sa source d'une parole qui n'est pas mienne et sur laquelle je n'ai pas prise. Et qu'on ne voie pas là, je vous prie, une manière commode de restituer je ne sais quel dogmatisme religieux : ce n'est pas de cet ordre-là. La liberté qu'a tout un chacun de dire sous quelle forme d'histoire il accepte de nommer cette réalité commune est une autre question, et je dois dire quelle ne m'importe pas ici. Donc — et je termine là-dessus — si le Tout-Autre, y compris dans son ultime formulation lévinasienne, si le Tout-Autre occupe, dans l'économie du parcours, dans l'économie de l'errance, cette place centrale, ni prime ni terminale, alors je n'ai aucun mal pour y adjoindre toutes les qualifications d'irrépressibilité, d'inaltérabilité, d'intangibilité ; je n'ai même aucun mal à parler là de rupture, d'interruption. Dans un redoublement de négation qui n'est point de reprise, mais mise à distance décisive, définitive et ultime. *Car c'est cela même qui, à mon sens, est raison sans raison de la médiation.* La médiation n'entraîne aucune réduction de cette altérité, mais manifeste la richesse de son effectivité, une richesse qui ne peut jamais s'achever dans une seule figure. J'admets donc la nécessité d'une déconstruction permanente, et l'impossibilité de reconstruire un immédiat qui épuiserait les potentialités de l'Autre. La tâche de la philosophie et l'acte de philosopher consistent précisément pour moi dans cette déconstruction et dans cet effort pour reconstruire perpétuellement, à fonds perdu, ce qui m'advient sans que je puisse le maîtriser.

Pour répondre maintenant à la question précise de Francis Guibal : « altérité de relation », « altérité de médiation », veut dire simplement pour moi que je m'admets pas la signification humaine d'une altérité qui surviendrait en pure extériorité ou « étrangèreté », hors de l'effort par lequel — sans être jamais sûr d'y parvenir, au risque de la parole, au risque du langage, au risque d'un discours qui se reprend toujours — je tente de dire le sens de ce qui advient.

Jacques Derrida :

Francis Guibal a fait allusion à la perte, à la dépense, etc. Bien que je me sois servi de ces mots-là, mais toujours dans des commentaires, toujours à la suite d'un discours qui n'était pas le mien, en particulier celui de Bataille, je ne les ai jamais en quelque sorte assumés comme le dernier mot. Ce qu'il y a dans la « perte », de négativité, de type hégélien ou non, ou bien de « logique du manque », etc. est quelque chose à quoi je n'ai jamais souscrit. Donc, ce que je propose n'est pas du tout un éloge de la perte, c'est une pensée de l'affirmation qui ne s'arrête pas à la perte, ou qui ne dialectise pas quelque chose comme la perte ou la dépense.

Maintenant, s'agissant des deux types d'altérité que vous avez distingués, en nous demandant si on pouvait les honorer l'une ou l'autre ou l'une et l'autre... eh bien j'honore — pour me servir de ce mot-là, je crois que c'est la première fois que je le fais — j'honore donc les deux. Pour deux raisons : d'abord par nécessité de stratégie, c'est la négociation dont on parlait tout à l'heure ; je pense qu'en effet si on ne négocie pas la médiation, par la médiation même, on risque de méconnaître ou de dissimuler le rapport au tout autre. Donc je crois à la médiation, à la négociation, je crois à la diplomatie, je crois à l'équivoque, je crois à l'hypocrisie — une certaine hypocrisie se trouve aussi chez Lévinas, positivement évaluée — tout dépend de la manière dont on traite la médiation. Mais il y a une médiation qui ne barre pas le passage à l'autre, ou au tout autre, au contraire. Le rapport au tout autre comme tel est un rapport. La relation au tout autre est une relation. C'est une relation, évidemment, sans rapport avec aucun autre rapport, c'est la relation avec quelqu'un qui, en raison de son altérité et de sa transcendance, rend la relation impossible ; c'est *le* paradoxe ; c'est un rapport sans rapport dirait-on, à la manière de Blanchot. Pour entrer en rapport avec l'autre, il faut que l'interruption soit possible ; il faut que le rapport soit un rapport d'interruption. Et l'interruption, ici, n'interrompt pas le rapport à l'autre, elle ouvre le rapport à l'autre. Tout dépend alors de la manière dont on détermine la médiation en question. Si on en fait une médiation de type hégélien, apaisement, réconciliation, totalisation, etc. la question se pose de l'effacement de l'autre dans la médiation, par la médiation. Mais on peut penser une autre expérience de la médiation, dans le rapport sans rapport : sous cette médiation je reconnaîtrais le mouvement du rapport à l'autre ; c'est un rapport fou, un rapport sans rapport, qui comprend l'autre comme autre dans un certain rapport d'incompréhension. Ce n'est pas l'ignorance, ni l'obscurantisme, ni la démission devant aucun désir d'intelligibilité ; mais il faut qu'à un moment donné l'autre reste comme autre, et s'il est l'autre il est autre ; à ce moment-là la relation à l'autre comme telle est aussi une relation d'interruption. C'est aussi la condition du désir, la condition de l'interruption. S'il y a de l'interlocution, elle suppose cette interruption. Le mot de différence, excusez-moi d'y revenir, dans son économie, dit deux choses à la fois. Il dit d'*une part* que le *a* de la différance suspend l'opposition ; par exemple, si je dis : entre la nature et la culture, entre... toutes les oppositions, il n'y a pas de distinction, d'opposition, mais il y a une différance, c'est la même altérité, c'est le même : la culture est une nature différante, l'esprit est une nature différante, l'histoire est une nature différante ; à ce moment-là on est dans l'économie. C'est aussi ce qui se dit dans le mot différance (avec un a). Mais *en même temps*, justement parce qu'elle suspend l'opposition, donc la dialectique, la différance est la marque ou le nom de la différence radicale : de l'anéconomie, de ce qui ne peut pas se laisser réapproprier dans l'un ; le mot dit ces deux choses à la fois et le rapport de ces choses, de ces deux logiques ; une logique de l'économie et une logique de l'anéconomie, la médiation sans opposition, et l'altérité radicale. J'ai essayé de démontrer ailleurs que la logique de l'opposition et la dialectique sont des logiques du même. Quand on dit différance, on dit autre chose que l'opposition.

La différance avec un a, même comme thème économiste, thématise une différenciation qu'on ne peut pas résoudre en opposition. Réintroduire l'opposition là où il y a des différences, c'est homogénéiser. Ce mot de différance « honore » les deux, puisqu'il est question d'honorer : il « honore » une médiation sans opposition, il « honore » une radicale hétérogénéité. D'où son rapport très trouble à l'hégélianisme. Vous y avez insisté tout à l'heure. Mais s'agissant du rapport trouble à l'hégélianisme, l'exposé de Stanislas Breton m'a paru — mais il y avait probablement des risques à cela, des raison aussi pour cela — rehégélianiser le discours de Pierre-Jean Labarrière : on reconnaissait au moins une langue, un rythme logique, une certaine problématique, dans les moments mêmes où ce qui était dit résistait à l'autorité hégélienne. J'avais l'impression que l'appareil de la logique hégélienne était mobilisé ou remobilisé pour dire quelque chose qui, au fond, ne devrait pas, ne devrait plus être hégélien. Je ne sais pas à qui s'adresse cette question, mais je crois que c'est une question et elle fait signe vers une fatalité de l'autorité hégélienne. Je ne crois pas pour ma part qu'on échappe simplement au dispositif hégélien, mais il faut thématiser cette question.

Francis Jacques

Je vous remercie de votre réponse qui, en son parcours, reprend quelques présupposés de ma question. Pourtant, cette réponse très complète me laisse perplexe sur deux points. En premier lieu, sur le terme de « négociation ». On négocie un traité, ou un contrat de travail. La négociation est diplomatique ou salariale. Elle continue la lutte par d'autres moyens ou elle s'apparente au négoce, opère dans un champ de forces ou d'intérêts... Vous dites « négociation », vous ne dites pas « dialogue » ni « différend ». Votre choix n'est pas quelconque. Je le note, sans en faire autre chose qu'une marque et une remarque. Car il est important de savoir si, dans l'ordre des transactions humaines, on préfère la négociation ou la controverse, le dialogue ou le différend. Pour le discours ordinaire, dialogue et négociation ne cessent d'échanger leurs métaphores, de croiser leurs prédicats, de servir d'alibi l'un à l'autre. Je me demande lequel convient le mieux en philosophie, je ne dis pas de fait, mais à titre ultime.

En second lieu, je reviens sur l'analyse, qui m'a impressionnée chez Lévinas et que je retrouve plus forte chez vous, d'un rapport au Tout-Autre, qui ne tomberait pas sous le concept général de relation... Non que cet énoncé soit pure chimère. Après tout, ce qui fait cercle carré dans une logique de l'univoque, peut devenir effet et figure de style, une façon instante de conduire à une interrogation pressante. Mon hésitation ici vient de ce que la pensée de la relation reste soumise à certaines contraintes difficilement contournables. Une relation reste une entité logique dont la spécificité se manifeste clairement : on sait que le calcul des relations a des propriétés méta-logiques différentes du calcul des propriétés, que, pour l'analyse, un énoncé relationnel est irréductible à un énoncé attributif. Ce genre de contraintes ne se laisse pas manipuler sans prudence. Si maintenant on recourt à une stylistique complexe pour parler d'une relation, il me semble qu'on ne pourra que s'avancer pas à pas sans perdre de vue une certaine rationalité du rationnel. Parler d'une relation sans converse, c'est un monstre logique. Autant je vous suis parfaitement lorsque vous vous expliquez sur la « différance » — elle évacue l'opposition qui reste prisonnière de l'homogène ou de l'économie, etc. ; je suis même persuadé que, d'une manière ou d'une autre, l'écart et la différence appartiennent à la situation originaire de signification — autant j'aimerais que les moyens stylistiques du penseur ne soient pas en infraction avec les contraintes logiques quant à l'usage des mots essentiels. Vous disiez tout à l'heure que, si les mœurs déplacent le mot « éthique » de son sens courant, il faudra qu'on s'en explique. A mon tour, je dirais que parler d'un rapport déterminé par son interruption même, est certes une façon intuitive d'indiquer une expérience irrécusable, une façon d'utiliser la linéarité du discours pour évoquer une expérience originaire, mais que j'aurais tendance à reconstruire en employant les mots à partie de leur sens obvie. Et singulièrement, le terme « relation », qui a un passé bien défini depuis Peirce.

Jacques Derrida :
Depuis Peirce... C'est jeune !

Francis Jacques :
Reste à savoir si nous n'avons pas appris quelque chose sur la relation depuis Peirce et Russell, et du même coup sur la pertinence de la notion aristotélicienne de *pros ti*. Mais laissons cela pour revenir à ma remarque. Avec « négociation », ce n'est pas n'importe quel terme que vous utilisez. Et à ma question s'agissant de la relation, n'y aurait-il pas moyen de pointer sur les mêmes choses, de préserver certains acquêts philosophiques dans un discours qui ne croise pas de façon trop allègre des exigences logiques de la règle avec les libertés de l'antiphrase ?

Jacques Derrida :
Quelle est la règle ?

François Marty :
Si vous voulez répondre à Francis Jacques... Mais n'oublions pas que Pierre-Jean Labarrière et Stanislas Breton veulent intervenir eux aussi.

Jacques Derrida :
Deux mots : d'abord sur la négociation. Je n'ai pas fait de statistique. Je sais que « dialogue » est un mot pour lequel j'aurais aussi quelque réticence pour des raisons sur lesquelles je pourrais m'expliquer ; mais si je parle plus facilement de négociation que de dialogue dans les cas où je le fais, c'est en effet parce que je veux parler crûment des rapports de force qu'il y a même dans le dialogue, il s'agit de ne pas dissimuler ces rapports de force. Maintenant la négociation implique aussi le discours, il n'y a pas de négociation sans dialogue... Néanmoins, s'agissant de style, je préfèrerai toujours négociation à dialogue. C'est une question de *pathos*, de connotation, de contexte.

La question de la relation. Vous dites que nous devons revenir au sens propre des mots. Vous faites comme si le mot de relation était déterminé totalement, exhaustivement, par ce que ce mot veut dire dans le contexte où l'on parle de logique des relations. Je ne vois pas pourquoi je ne pourrais pas parler de relation autrement, et par exemple pour dire que le discours sur la logique des relations suppose des interlocutions, suppose de la relation à l'autre, sans se laisser dominer par l'autorité, par les normes de la logique que vous invoquez. Je ne crois pas que je sois tenu, quand je parle de relation, par le code de la logique des relations, qui ma paraît un sous-code — très important, mais un sous-code — par rapport à l'immense territoire de langage où le mot de relation, bien avant le discours que vous évoquez, avait un certain nombre de possibilités sémantiques que je ne crois pas trahir en parlant de relation, si paradoxale qu'elle soit. Vous savez, je ne parlerai jamais de cercle carré en géométrie, mais s'agissant de l'autre, je parlerai de choses qui ressemblent à un cercle carré. Le rapport à l'autre dont je parlais est aussi difficile à penser qu'un cercle carré. Et ce n'est pas parce que c'est aussi difficile à penser que le cercle carré que je renoncerai à le penser. D'ailleurs cercle carré est une expression qu'on comprend très bien. Husserl nous explique qu'il n'y a pas de cercle carré, mais pour penser qu'il n'y a pas de cercle carré il faut comprendre que l'expression n'est pas *sinnlos*, elle est *widersinnig*. Il y a toute tradition pour nous aider à penser que la relation à l'autre et un certain nombre de choses semblables sont aussi difficiles à assimiler pour l'entendement que le cercle carré : ça passe l'entendement, comme dirait Hegel par exemple. Moi ça ne me gêne pas. Je sais que lorsque je dis « rapport sans rapport » c'est tout à fait inadmissible dans une certaine logique à laquelle vous vous référez, ou selon le sens propre des mots auxquels vous vous référez. Vous avez dit : Il faut reprendre les mots dans leur usage. Quel usage ? A quel usage vous référez-vous ? Qui fait la loi ?... Quel usage fait la loi ? Quel est le maître-code ?... Qu'est-ce qui va régler ce style ? Il y a une formidable autorité dans ce que vous évoquez pour marquer votre méfiance à l'égard de tous ces discours sur l'autre. Une formidable autorité à laquelle on doit demander des comptes. D'où vient cette autorité ?

Francis Jacques :
Avant d'être une objection, c'est une demande d'explication. L'explication est une quête qui exige de part et d'autre un effort de pensée. Je suis très heureux de l'effort que vous consentez.

Jacques Derrida :
Vous voyez que nous dialoguons, nous négocions !... Sur la question du style, même sur la question du cercle carré — nous allons très vite ce soir, mais enfin il y a déjà une énorme tradition ; dans mon petit discours je m'y suis référé...

Francis Jacques :
De la « Montagne d'Or » au « cercle carré », la tradition est longue. Mais dans cette tradition, les négociations ont été nombreuses et elles ne sont pas closes. C'est un bon sujet de discussion que celui que j'ai tenté de vous proposer.

Jacques Derrida :
Si je dis que je suis un négociateur, c'est pour dire que la négociation n'est pas close.

Francis Jacques :
Alors, souhaitons-nous, à tous le moins, heureuse négociation.

François Marty :
Le temps passe... Il ne faudrait pas oublier de revenir sur Hegel : Pierre-Jean Labarrière, et Stanislas Breton.

Pierre-Jean Labarrière :
J'ai trois petites choses à dire ; je vais essayer d'être bref et de ne pas les développer. C'est toujours un peu frustrant.
S'agissant du rapport à Hegel, oui je confesse qu'il y a là deux lectures qui s'affrontent. Nous n'avons pas le temps, et

je le regrette, de réfléchir sur textes pour discuter de la pertinence de telle ou telle interprétation. D'ailleurs, ce que l'on apporte à la lecture de textes de ce genre relève sans doute d'autres critères que d'une prise en compte d'un impossible objectivisme. En tout cas, si Hegel avait développé tout son arsenal logique et tout son effort de médiation réflexive pour aboutir à une réconciliation que l'on comprendrait au premier degré comme une extinction — tût-elle tamisée, cachée, j'allais dire aseptisée — des différences, je crois qu'il ne faudrait pas passer beaucoup de temps à essayer de le dire, c'est une chose dont on s'apercevrait assez vite. Je tiens pour ma part que le terme de *Versöhnung*, de « réconciliation », chez Hegel, a une tout autre signification que celle-là, et qu'il est toujours la prise en compte d'une tension proprement dramatique entre les termes qui sont posés par là dans leur altérité, et que c'est cela le procès logique auquel Hegel nous invite. C'est pour cela que sa pensée demeure signifiante par rapport au type d'« errance joyeuse » dont nous cherchons à rendre compte maintenant ; je crois donc que Hegel a encore quelque chose à nous dire en ce domaine. C'est mon premier point.

Second point : contrairement peut-être à Francis Jacques, je n'ai aucune difficulté personnelle vis-à-vis de l'expression « rapport sans rapport ». Je l'ai employée depuis vingt ans dans de multiples lieux. Simplement, je dirais à Jacques Derrida ce qui suit : loin de voir dans cette affirmation un cas d'espèce qui arracherait la relation à l'autre comme autre au sens commun, banal et nécessairement réducteur de la relation comme telle, je vois dans ce rapport à l'autre comme autre — qui est effectivement un rapport d'interruption, un rapport sans rapport —, *le cœur signifiant de tout procès de relation*, et j'aurais tendance à l'inscrire comme le lieu sans lieu, comme la parole irrépressible qui met en mouvement la relation la plus banale, la plus immédiate, la plus pauvre qui soit. Autrement dit, ce que Jacques Derrida semble arracher à l'économie commune d'une relation soupçonnée de réductionisme, pour en faire un cas typique qui mettrait en échec cette économie commune, m'apparaît, une fois encore, comme le cœur signifiant, le centre parlant, et

j'aimerais dire pour ma part, symbolisant, en tous cas non catégo-
rialisable et non maîtrisable, de toute relation quelle qu'elle soit :
ce qui dit que la relation est toujours autre qu'elle-même dans
l'accueil qu'elle fait de ce qu'elle est. C'est pour cela que je
ne mettrais pas d'alternative entre une relation banale, condamnée
au nom d'une logique de la médiation soupçonnée de réductionisme, et un rapport à l'autre comme autre, qui induirait une
autre logique.

Voilà donc ma troisième remarque, et avec elle je serai allé au
bout de ce que je pense être l'intérêt de la philosophie : Jacques
Derrida a dit tout à l'heure qu'il y avait, d'une part, une logique
de médiation, toujours située à l'intérieur d'une explication de
l'homogène, et ne sortant pas finalement de l'économie du même,
et d'autre part une logique de l'interruption, seule habilitée à
rendre compte de l'autre comme autre ; j'essaie pour ma part
de les conjoindre, et de comprendre la médiation comme s'origi-
nant perpétuellement, au centre d'elle-même, dans cette interruption signifiante par quoi seulement elle est production de sens.
Autrement dit, je refuse de mettre d'un côté un rapport sans
rapport et de l'autre côté un rapport réducteur, d'un côté une
logique de médiation soupçonnée de réductionisme et de l'autre
côté une logique de l'interruption — dont on doit dire l'instant
d'après que, bien sûr, elle est quand même un rapport —, mais
tout mon effort philosophique, et tout le *Discours de l'Altérité*,
si je peux le dire en un mot, tiennent dans un effort pour resituer,
au centre même d'un procès de médiation échappant du même
coup à tout soupçon de réductionisme banal, cette interruption
irrépressible ; et si la médiation hégélienne a encore pour moi
un sens, si nous essayons à quelques-uns de la réinterroger perpétuellement, ce n'est pas pour y trouver un schème explicatif de
cette chose inexplicable, c'est parce qu'il y a dans certains textes
fulgurants de Hegel — peut-être abolis par d'autres, il était homme
comme tout le monde : il n'a pas toujours tenu son discours expli-
cite au niveau de cette intuition — mais il y a certains textes
de Hegel qui portent cette intuition fulgurante et non dépassée
d'une nécessaire prise en charge, si je puis dire, de la vie quotidienne par l'irrépressible du rapport sans rapport.

Jacques Derrida :

Je suis d'accord. Ce que je disais de la différance tout à l'heure, c'est cela.

Stanislas Breton :

Je me permets trois observations, qui concernent, respectivement, l'exposé de Francis Guibal et ce que vient de dire Derrida.

1. Dans l'exposé de Guibal, la « différance » — pour ne retenir que cette expression — n'est plus tout à fait ce qu'en disait Derrida dans sa communication, sur le même sujet, à la Société Française de Philosophie. Lors de cette communication, certains auditeurs étaient induits à penser que, de la « différance » aux « différences », l'écart pouvait s'interpréter comme celui d'un quasi-principe (générateur ou permissif) à ses quasi-dérivés. Ce trait « principiel » aurait-il disparu ? Ou s'agit-il non d'une exclusion mais d'une omission ?

2. A propos du « rapport sans rapport » dont parlait Derrida en réponse à Francis Jacques, j'ai pensé aux « rapports paradoxaux » (que Vuillemin taxait d'absurdité) dont faisait état la scolastique après Aristote : relations sans converse réelle ! A supposer que le rapport soit effectif de nous au « tout autre », la converse de ce rapport, quand il s'agit de l'absolu, serait purement de raison ou illusoire. Et c'est ainsi, quel que soit le nom qu'on lui donne, que l'absolu doit nécessairement se présenter. Le « tout autre », même s'il n'a rien des antiques absolus, garde-t-il ce trait commun de déliaison parfaite ?

3. Le langage de l'impossible était jadis le détour obligé, qu'il s'exprime en « coïncidence des opposés » ou de toute autre manière, qui a permis de dire ce qui ne pouvait se dire en aucun langage d'objet ou de détermination d'objet, selon l'acception la plus courante de ces termes en philosophie, sinon en logique moderne. Je ne suis point surpris que le langage du « tout autre » emprunte lui aussi ce détour. Mais pour éviter toute liaison dangereuse, je signale, sans plus, cette apparence de communauté. De surcroît, il me paraît divertissant de rappeler que, au début du siècle, B. Russell, pour formuler, en stricte logique, une phrase aussi banale que : « il y a des peaux-rouges », a cru

indispensable, lui aussi, le détour par l'impossible, dans la mesure où le « il y a... » doit se traduire de la manière suivante : « la classe de x tels que fx est distincte de la classe nulle », laquelle se définit précisément par « x ≠ x », c'est-à-dire par l'impossible du contradictoire. N'est-il pas étrange qu'un logicien ait estimé indispensable, pour énoncer le moindre fait, une pensée de l'impossible ?

Maintenant, en ce qui concerne Labarrière, j'ai bien noté, sans mon texte, que le *Discours de l'Altérité*, surtout au troisième niveau de l'analyse, tente lui aussi un dépassement de toute figure, de tout principe fixe. Sur ce point j'espère n'avoir trahi ni la lettre ni l'esprit de ce discours. Il y est même question d'un « rien fondateur », sur lequel, si nous avions eu le temps, nous aurions pu nous expliquer. Dans la troisième partie de mon texte écrit, j'ai préféré évoquer, d'une manière très libre, les hypothèses extrêmes du *Parménide* platonicien sur l'émiettement infini du « plusieurs ». Je me suis demandé si vous sentiez quelque complicité avec ces hypothèses extrêmes. Le temps nous aura manqué. L'occasion manquée pourra se retrouver.

Guy Petitdemange :

Une question que je voudrais poser à Jacques Derrida et à Pierre-Jean Labarrière en même temps, une question que Elisabeth de Fontenay avait déjà relevée tout à l'heure. Jacques Derrida, dans l'une de vos interventions tout à l'heure, m'a frappé le fait que vous ayez dit en substance : « Entre mon désir et la nécessité il y a une guerre totale ». Si je comprends bien, chez vous la nécessité, d'une certaine manière, est au commencement de l'acte du philosopher, ou de l'acte de l'écriture. Et dans l'exposé de Stanislas Breton sur Pierre-Jean Labarrière j'ai noté une double insistance : sur le « volo », le *je veux* écrire de Pierre-Jean Labarrière, et aussi sur la *violence*. je voudrais donc savoir, de l'un et de l'autre, ce que vous mettez sous le mot « nécessité ». Encore une fois, Jacques Derrida, la nécessité ma paraît être de grande force dans votre commencement ou recommencement perpétuel d'écriture ; quant à Pierre-Jean Labarrière, comment entend-il pour sa part cette nécessité ? Je pense en effet que la violence, chez lui, n'a sans doute pas le même poids que la nécessité chez Jacques Derrida.

Pierre-Jean Labarrière :

J'appuie beaucoup la demande ainsi faite à Jacques Derrida, parce que c'est une des choses que j'aimerais entendre de lui. Le « il faut », « la nécessité », comment l'entend-il, qu'en peut-il dire ? Je voudrais d'abord entendre cela.

Jacques Derrida :

C'est très difficile d'improviser sur ces questions-là. Par exemple, tout à l'heure, je m'en veux d'avoir parlé de guerre. Dans *La carte postale* je me suis servi du mot *Nécessité*, avec une majuscule, comme si c'était un nom propre, ce qui est une manière, non pas d'en faire un personnage ou une allégorie, mais de marquer que la nécessité est toujours nécessité de quelque autre singulier ; c'est une limite marquée au déploiement du désir ou de la réappropriation, une limite marquée par l'autre comme autre, en tant qu'il est porteur de nom propre —, qu'elle est porteuse de nom propre — en tant que concept. C'est en me réglant sur cette limite qu'en effet j'écris, j'essaie de penser. Seulement, cette limite n'est pas seulement une limite extérieure qui vient borner, border ou arrêter le mouvement du désir, c'est aussi ce qui fait naître le désir. Dans ces lettres fictives, ces envois de cartes postales, il y a sans cesse le discours du désir qu'on pourrait s'amuser à mettre en opposition avec tout ce que je dis dans les textes théoriques : « Vive la voix, vive la présence, vive... ». Et sans cesse Nécessité vient dire non pas non au désir mais vient lui rappeler la divisibilité, l'impossibilité d'arrêter la destination, etc. Nécessité vient, non pas dire non au désir, mais expliquer au désir que sa condition d'impossibilité est aussi sa condition de possibilité.

A la place de Nécessité, certains pourraient dire «*réel* » ; mais « réel » est marqué par trop de marques qui me gênent ; Nécessité c'est quelque chose comme le réel si le réel est cette espèce d'impossibilité qui vient rappeler que la simple présence, la simple vive voix, la simple intuition, etc., sont inaccessibles, mais aussi que cette inaccessibilité est la chance du désir. Ce n'est pas simplement la limite mortelle de l'échec, c'est aussi la respiration du désir. Quand je dis que j'écris sous la loi de Nécessité, c'est que j'écris — je pense par exemple aux textes théoriques ou aux textes dans lesquels la dimension théorique est dominante — j'écris pour rappeler ou en me laissant rappeler cette Nécessité, dans la lecture, des textes que je lis ; c'est sans cesse par référence à cette Nécessité que j'essaie de débusquer dans les textes philosophiques, malgré toutes les différences, le resurgissement d'une logique du fantasme, d'une logique du désir qui oublie une nécessité, qui ne tient pas compte de la nécessité, — laquelle est aussi une différence. On pourrait trouver d'autres noms que nécessité, différance est un autre nom. Mais je préfère l'appeler Nécessité, avec majuscule, parce que ça ressemble à un nom propre.

Pierre-Jean Labarrière :

Le « Je » que j'ai adopté comme sujet de mon discours, non par choix, mais, à mon tour, par une sorte de Nécessité irrépressible, non réfléchie, ne relève pas d'une « décision » quelconque, moins encore de je ne sais quelle « hypostasiation » d'un point-origine du discours ; il signifie simplement que nul ne peut parler que de ce qu'il a éprouvé, de chair et de sang, en passant lui-même par certaines morts, à l'extrême des déconstructions qu'il nous faut consentir ; car c'est seulement en revenant de certains pays essentiels et en y retournant sans cesse que l'on a le droit de proposer quelque chose. Le « Je », c'est quelque chose qui est fragile, le contraire d'une affirmation autoritaire. J'ai écrit quelque part que le monde, dans toute ses dimensions, est une réalité massive, solide, et qu'il revient à l'homme — une formulation style Merleau-Ponty — de la « fragiliser ». Le « Je » est ce par quoi l'on peut fragiliser les choses ; il n'a pas pour sens d'absolutiser le discours, de quelque façon que ce soit, mais il le remet à certain tremblement d'origine, qui est aussi sa seule assurance.

A propos de cette option rédactionnelle, je viens de parler de « nécessité ». Le mot est beau, et je ne recule nullement devant lui. Je dois pourtant reconnaître — j'en prends ici une conscience seconde — que je n'en use pas communément ; j'emploie plus volontiers le terme de *Liberté*, dont je n'ignore pas qu'il est peut-être encore plus « piégé »... Et je parle, Breton l'a rappelé, d'« expérience comme liberté », en donnant à ce terme d'expérience sa signification étymologique, qui connote toujours une manière d'engendrement de soi à partir de ce point nul que nous ne sommes pas et qui nous pose pour ce que nous sommes. Qu'il y ait alors « nécessité », je veux bien employer le terme ; il dit la prise en compte de ce qui est, non point selon quelque modèle objectiviste qu'il nous faudrait reproduire, mais simplement comme le déploiement risqué d'un discours toujours fragile. Telle est, ce me semble, la situation fondamentale de l'homme, une situation à laquelle répond ce « Je », à la fois assuré et peu assuré. Soumis à de multiples *conditionnements* — malheur, besoin, détresse — mais ayant le pouvoir (?) de les *convertir*, si l'on en croit l'étymologie du beau terme allemand qui dit notre froide « nécessité » : la *Notwendigkeit*, l'acte de « tourner » la contrainte et la détresse.

François Marty :

Notre débat vient à terme. Je suis très heureux que ce dernier échange ait fait réémerger l'une des questions que j'avais laissées au début pour centrer rapidement le débat. Il me reste à remercier, et je crois pouvoir le faire au nom de tous, d'abord Jacques Derrida et Pierre-Jean Labarrière, puisque c'est leurs œuvres qui nous ont aidés à réfléchir, et aussi les deux intervenants principaux : Francis Guibal et Stanislas Breton. Et merci aussi à tout le monde pour cette soirée.

SOMMAIRE

ALTÉRITÉS
JACQUES DERRIDA ET PIERRE JEAN LABARRIÈRE

Achevé d'imprimer en mars 86
à l'imprimerie Soulisse et Cassegrain
Rue Blaise-Pascal - 79003 NIORT
Dépôt légal N° 2360.